最新法律文件解读丛书

# 刑事法律文件解读

总第164辑(2019.2)

最新法律文件解读丛书编选组　编



人民法院出版社

**图书在版编目(CIP)数据**

刑事法律文件解读. 总第164辑 / 最新法律文件解读丛书编选组编. —北京:人民法院出版社,2019. 2
(最新法律文件解读丛书)
ISBN 978-7-5109-2440-8

Ⅰ. ①刑… Ⅱ. ①最… Ⅲ. ①刑法-法律解释-中国②刑事诉讼法-法律解释-中国 Ⅳ. ①D924. 05②D925. 205

**中国版本图书馆CIP数据核字(2019)第029792号**

**刑事法律文件解读. 总第164辑**
最新法律文件解读丛书编选组 编

---

**责任编辑** 姜 峤
**出版发行** 人民法院出版社
**地　　址** 北京市东城区东交民巷27号 邮编 100745
**电　　话** (010)67550573(责任编辑) 67550558(发行部查询)
65223677(读者服务部)
**客服QQ** 2092078039
**网　　址** http://www.courtbook.com.cn
**E-mail** courtbook@sina.com
**印　　刷** 三河市国英印务有限公司
**经　　销** 新华书店
**开　　本** 787×1092毫米 1/16
**字　　数** 140千字
**印　　张** 8
**版　　次** 2019年2月第1版 2019年2月第1次印刷
**书　　号** ISBN 978-7-5109-2440-8
**定　　价** 22.00元

# 卷首语

2018年2月27日，最高人民检察院印发《最高人民检察院关于全面加强未成年人国家司法救助工作的意见》(以下简称《未成年人救助意见》)。《未成年人救助意见》的出台是最高人民检察院深入贯彻落实党的十九大和习近平总书记系列重要讲话精神，全面加强未成年人司法保护的重要举措，对于进一步加强和改进检察机关未成年人国家司法救助工作，及时帮扶因案致困的未成年人，改善未成年人的身心状况、家庭教养和社会环境，保障未成年人的合法权益，切实促进未成年人健康成长具有十分重要的意义。为了便于各地检察机关正确理解和适用《未成年人救助意见》，最高人民检察院相关起草人对《未成年人救助意见》的制定背景、制定原则、主要内容，以及对未成年人国家司法救助工作展望等相关重点问题进行了说明。其中重点对检察机关开展未成年人国家司法救助的基本理念、对象范围、救助方式、救助标准、内部协作、外部衔接等内容进行了详细阐释，便于广大读者学习适用。

# 《最新法律文件解读》丛书
# 编 辑 部

# 目　录

[特载]

最高人民检察院

# 关于印发最高人民检察院第十二批指导性案例的通知

（2018 年 12 月 18 日）

**各省、自治区、直辖市人民检察院，解放军军事检察院，新疆生产建设兵团人民检察院：**

经 2018 年 12 月 12 日最高人民检察院第十三届检察委员会第十一次会议决定，现将陈某正当防卫案等四件指导性案例（检例第 45 – 48 号）作为第十二批指导性案例发布，供参照适用。

## 陈某正当防卫案

（检例第 45 号）

**【关键词】**

未成年人　故意伤害　正当防卫　不批准逮捕

**【要旨】**

在被人殴打、人身权利受到不法侵害的情况下，防卫行为虽然造成了重大损害的客观后果，但是防卫措施并未明显超过必要限度的，不属于防卫过当，依法不负刑事责任。

**【基本案情】**

陈某，未成年人，某中学学生。

2016年1月初，因陈某在甲的女朋友的网络空间留言示好，甲纠集乙等人，对陈某实施了殴打。

1月10日中午，甲、乙、丙等6人（均为未成年人），在陈某就读的中学门口，见陈某从大门走出，有人提议陈某向老师告发他们打架，要去问个说法。甲等人尾随一段路后拦住陈某质问，陈某解释没有告状，甲等人不肯罢休，抓住并围殴陈某。乙的3位朋友（均为未成年人）正在附近，见状加入围殴陈某。其中，有人用膝盖顶击陈某的胸口、有人持石块击打陈某的手臂、有人持钢管击打陈某的背部，其他人对陈某或勒脖子或拳打脚踢。陈某掏出随身携带的折叠式水果刀（刀身长8.5厘米，不属于管制刀具），乱挥乱刺后逃脱。部分围殴人员继续追打并从后投掷石块，击中陈某的背部和腿部。陈某逃进学校，追打人员被学校保安拦住。陈某在反击过程中刺中了甲、乙和丙，经鉴定，该3人的损伤程度均构成重伤二级。陈某经人身检查，见身体多处软组织损伤。

案发后，陈某所在学校向司法机关提交材料，证实陈某遵守纪律、学习认真、成绩优秀，是一名品学兼优的学生。

公安机关以陈某涉嫌故意伤害罪立案侦查，并对其采取刑事拘留强制措施，后提请检察机关批准逮捕。检察机关根据审查认定的事实，依据刑法第二十条第一款的规定，认为陈某的行为属于正当防卫，不负刑事责任，决定不批准逮捕。公安机关将陈某释放同时要求复议。检察机关经复议，维持原决定。

检察机关在办案过程中积极开展释法说理工作，甲等人的亲属在充分了解事实经过和法律规定后，对检察机关的处理决定表示认可。

**【不批准逮捕的理由】**

公安机关认为，陈某的行为虽有防卫性质，但已明显超过必要限度，属于防卫过当，涉嫌故意伤害罪。检察机关则认为，陈某的防卫行为没有明显超过必要限度，不属于防卫过当，不构成犯罪。主要理由如下：

第一，陈某面临正在进行的不法侵害，反击行为具有防卫性质。任何人面对正在进行的不法侵害，都有予以制止、依法实施防卫的权利。本案中，甲等人借故拦截陈某并实施围殴，属于正在进行的不法侵害，陈某的反击行为显然具有防卫性质。

第二，陈某随身携带刀具，不影响正当防卫的认定。对认定正当防卫有影响的，并不是防卫人携带了可用于自卫的工具，而是防卫人是否有相互斗殴的故意。陈某在事前没有与对方约架斗殴的意图，被拦住后也是先解释退让，最后在遭到对方围打时才被迫还手，其随身携带水果刀，无论是日常携带还是事先有所防备，都不影响对正当防卫作出认定。

第三，陈某的防卫措施没有明显超过必要限度，不属于防卫过当。陈某的防卫行为致实施不法侵害的 3 人重伤，客观上造成了重大损害，但防卫措施并没有明显超过必要限度。陈某被 9 人围住殴打，其中有人使用了钢管、石块等工具，双方实力相差悬殊，陈某借助水果刀增强防卫能力，在手段强度上合情合理。并且，对方在陈某逃脱时仍持续追打，共同侵害行为没有停止，所以就制止整体不法侵害的实际需要来看，陈某持刀挥刺也没有不相适应之处。综合来看，陈某的防卫行为虽有致多人重伤的客观后果，但防卫措施没有明显超过必要限度，依法不属于防卫过当。

**【指导意义】**

刑法第二十条第一款规定，“为了使国家、公共利益、本人或者他人的人身、财产和其他权利免受正在进行的不法侵害，而采取的制止不法侵害的行为，对不法侵害人造成损害的，属于正当防卫，不负刑事责任”。司法实践通常称这种正当防卫为“一般防卫”。

一般防卫有限度要求，超过限度的属于防卫过当，需要负刑事责任。刑法规定的限度条件是“明显超过必要限度造成重大损害”，具体而言，行为人的防卫措施虽明显超过必要限度但防卫结果客观上并未造成重大损害，或者防卫结果虽客观上造成重大损害但防卫措施并未明显超过必要限度，均不能认定为防卫过当。本案中，陈某为了保护自己的人身安全而持刀反击，就所要保护的权利性质以及与侵害方的手段强度比较来看，不能认为防卫措施明显超过了必要限度，所以即使防卫结果在客观上造成了重大损害，也不属于防卫过当。

正当防卫既可以是为了保护自己的合法权益，也可以是为了保护他人的合法权益。《中华人民共和国未成年人保护法》第六条第二款也规定，“对侵犯未成年人合法权益的行为，任何组织和个人都有权予以劝阻、制止或者向有关部门提出检举或者控告”。对于未成年人正在遭受侵害的，任何人都有权介入保护，成年人更有责任予以救助。但是，冲突双方均为未成年人的，成年人介入时，应当优先选择劝阻、制止的方式；劝阻、制止无效的，在隔离、控制或制服侵害人时，应当注意手段和行为强度的适度。

检察机关办理正当防卫案件遇到争议时，应当根据《最高人民检察院关于实行检察官以案释法制度的规定》，适时、主动进行释法说理工作。对事实认定、法律适用和办案程序等问题进行答疑解惑，开展法治宣传教育，保障当事人和其他诉讼参与人的合法权利，努力做到案结事了。

人民检察院审查逮捕时，应当严把事实关、证据关和法律适用关。根据查明的事实，犯罪嫌疑人的行为属于正当防卫，不负刑事责任的，应当依法作出不批准逮捕的决定，保障无罪的人不受刑事追究。

**【相关规定】**

《中华人民共和国刑法》第二十条

《中华人民共和国刑事诉讼法》第九十条、第九十二条

## 朱凤山故意伤害（防卫过当）案

（检例第46号）

**【关键词】**

民间矛盾　故意伤害　防卫过当　二审检察

**【要旨】**

在民间矛盾激化过程中，对正在进行的非法侵入住宅、轻微人身侵害行为，可以进行正当防卫，但防卫行为的强度不具有必要性并致不法侵害人重伤、死亡的，属于明显超过必要限度造成重大损害，应当负刑事责任，但是应当减轻或者免除处罚。

**【基本案情】**

朱凤山，男，1961年5月6日出生，农民。

朱凤山之女朱某与齐某系夫妻，朱某于2016年1月提起离婚诉讼并与齐某分居，朱某带女儿与朱凤山夫妇同住。齐某不同意离婚，为此经常到朱凤山家吵闹。4月4日，齐某在吵闹过程中，将朱凤山家门窗玻璃和朱某的汽车玻璃砸坏。朱凤山为防止齐某再进入院子，将院子一侧的小门锁上并焊上铁窗。5月8日22时许，齐某酒后驾车到朱凤山家，欲从小门进入院子，未得逞后在大门外叫骂。朱某不在家中，仅朱凤山夫妇带外孙女在家。朱凤山将情况告知齐某，齐某不肯作罢。朱凤山又分别给邻居和齐某的哥哥打电话，请他们将齐

某劝离。在邻居的劝说下，齐某驾车离开。23时许，齐某驾车返回，站在汽车引擎盖上摇晃、攀爬院子大门，欲强行进入，朱凤山持铁叉阻拦后报警。齐某爬上院墙，在墙上用瓦片掷砸朱凤山。朱凤山躲到一边，并从屋内拿出宰羊刀防备。随后齐某跳入院内徒手与朱凤山撕扯，朱凤山刺中齐某胸部一刀。朱凤山见齐某受伤把大门打开，民警随后到达。齐某因主动脉、右心房及肺脏被刺破致急性大失血死亡。朱凤山在案发过程中报警，案发后在现场等待民警抓捕，属于自动投案。

一审阶段，辩护人提出朱凤山的行为属于防卫过当，公诉人认为朱凤山的行为不具有防卫性质。一审判决认定，根据朱凤山与齐某的关系及具体案情，齐某的违法行为尚未达到朱凤山必须通过持刀刺扎进行防卫制止的程度，朱凤山的行为不具有防卫性质，不属于防卫过当；朱凤山自动投案后如实供述主要犯罪事实，系自首，依法从轻处罚，朱凤山犯故意伤害罪，判处有期徒刑十五年，剥夺政治权利五年。

朱凤山以防卫过当为由提出上诉。河北省人民检察院二审出庭认为，根据查明的事实，依据《中华人民共和国刑法》第二十条第二款的规定，朱凤山的行为属于防卫过当，应当负刑事责任，但是应当减轻或者免除处罚，朱凤山的上诉理由成立。河北省高级人民法院二审判决认定，朱凤山持刀致死被害人，属防卫过当，应当依法减轻处罚，对河北省人民检察院的出庭意见予以支持，判决撤销一审判决的量刑部分，改判朱凤山有期徒刑七年。

**【检察机关二审审查和出庭意见】**

检察机关二审审查认为，朱凤山及其辩护人所提防卫过当的意见成立，一审公诉和判决对此未作认定不当，属于适用法律错误，二审应当作出纠正，并据此发表了出庭意见。主要意见和理由如下：

第一，齐某的行为属于正在进行的不法侵害。齐某与朱某已经分居，齐某当晚的行为在时间、方式上也显然不属于探视子女，故在朱凤山拒绝其进院后，其摇晃、攀爬大门并跳入院内，属于非法侵入住宅。齐某先用瓦片掷砸随后进行撕扯，侵犯了朱凤山的人身权利。齐某的这些行为，均属于正在进行的不法侵害。

第二，朱凤山的行为具有防卫的正当性。齐某的行为从吵闹到侵入住宅、侵犯人身，呈现升级趋势，具有一定的危险性。齐某经人劝离后再次返回，执意在深夜时段实施侵害，不法行为具有一定的紧迫性。朱凤山先是找人规劝，继而报警求助，始终没有与齐某斗殴的故意，提前准备工具也是出于防卫的目的，因此其反击行为具有防卫的正当性。

第三，朱凤山的防卫行为明显超过必要限度造成重大损害，属于防卫过当。齐某上门闹事、滋扰的目的是不愿离婚，希望能与朱某和好继续共同生活，这与离婚后可能实施报复的行为有很大区别。齐某虽实施了投掷瓦片、撕扯的行为，但整体仍在闹事的范围内，对朱凤山人身权利的侵犯尚属轻微，没有危及朱凤山及其家人的健康或生命的明显危险。朱凤山已经报警，也有继续周旋、安抚、等待的余地，但却选择使用刀具，在撕扯过程中直接捅刺齐某的要害部位，最终造成了齐某伤重死亡的重大损害。综合来看，朱凤山的防卫行为，在防卫措施的强度上不具有必要性，在防卫结果与所保护的权利对比上也相差悬殊，应当认定为明显超过必要限度造成重大损害，属于防卫过当，依法应当负刑事责任，但是应当减轻或者免除处罚。

**【指导意义】**

刑法第二十条第二款规定，“正当防卫明显超过必要限度造成重大损害的，应当负刑事责任，但是应当减轻或者免除处罚”。司法实践通常称本款规定的情况为“防卫过当”。

防卫过当中，重大损害是指造成不法侵害人死亡、重伤的后果，造成轻伤及以下损伤的不属于重大损害；明显超过必要限度是指，根据所保护的权利性质、不法侵害的强度和紧迫程度等综合衡量，防卫措施缺乏必要性，防卫强度与侵害程度对比也相差悬殊。司法实践中，重大损害的认定比较好把握，但明显超过必要限度的认定相对复杂，对此应当根据不法侵害的性质、手段、强度和危害程度，以及防卫行为的性质、手段、强度、时机和所处环境等因素，进行综合判断。本案中，朱凤山为保护住宅安宁和免受可能的一定人身侵害，而致侵害人丧失生命，就防卫与侵害的性质、手段、强度和结果等因素的对比来看，既不必要也相差悬殊，属于明显超过必要限度造成重大损害。

民间矛盾引发的案件极其复杂，涉及防卫性质争议的，应当坚持依法、审慎的原则，准确作出判断和认定，从而引导公民理性平和解决争端，避免在争议纠纷中不必要地使用武力。针对实践当中的常见情形，可注意把握以下几点：一是应作整体判断，即分清前因后果和是非曲直，根据查明的事实，当事人的行为具有防卫性质的，应当依法作出认定，不能惟结果论，也不能因矛盾暂时没有化解等因素而不去认定或不敢认定；二是对于近亲属之间发生的不法侵害，对防卫强度必须结合具体案情作出更为严格的限制；三是对于被害人有无过错与是否正在进行的不法侵害，应当通过细节的审查、补查，作出准确的区分和认定。

人民检察院办理刑事案件，必须高度重视犯罪嫌疑人、被告人及其辩护人所提正当防卫或防卫过当的意见，对于所提意见成立的，应当及时予以采纳或支持，依法保障当事人的合法权利。

**【相关规定】**

《中华人民共和国刑法》第二十条、第二百三十四条

《中华人民共和国刑事诉讼法》第二百三十五条

## 于海明正当防卫案

（检例第47号）

**【关键词】**

行凶　正当防卫　撤销案件

**【要旨】**

对于犯罪故意的具体内容虽不确定，但足以严重危及人身安全的暴力侵害行为，应当认定为刑法第二十条第三款规定的“行凶”。行凶已经造成严重危及人身安全的紧迫危险，即使没有发生严重的实害后果，也不影响正当防卫的成立。

**【基本案情】**

于海明，男，1977年3月18日出生，某酒店业务经理。

2018年8月27日21时30分许，于海明骑自行车在江苏省昆山市震川路正常行驶，刘某醉酒驾驶小轿车（经检测，血液酒精含量87mg/100ml），向右强行闯入非机动车道，与于海明险些碰擦。刘某的一名同车人员下车与于海明争执，经同行人员劝解返回时，刘某突然下车，上前推搡、踢打于海明。虽经劝解，刘某仍持续追打，并从轿车内取出一把砍刀（系管制刀具），连续用刀面击打于海明颈部、腰部、腿部。刘某在击打过程中将砍刀甩脱，于海明抢到砍刀，刘某上前争夺，在争夺中于海明捅刺刘某的腹部、臀部，砍击其右胸、左肩、左肘。刘某受伤后跑向轿车，于海明继续追砍2刀均未砍中，其中1刀砍中轿车。刘某跑离轿车，于海明返回轿车，将车内刘某的手机取出放入自己

口袋。民警到达现场后，于海明将手机和砍刀交给处警民警（于海明称，拿走刘某的手机是为了防止对方打电话召集人员报复）。刘某逃离后，倒在附近绿化带内，后经送医抢救无效，因腹部大静脉等破裂致失血性休克于当日死亡。于海明经人身检查，见左颈部条形挫伤1处、左胸季肋部条形挫伤1处。

8月27日当晚公安机关以“于海明故意伤害案”立案侦查，8月31日公安机关查明了本案的全部事实。9月1日，江苏省昆山市公安局根据侦查查明的事实，依据《中华人民共和国刑法》第二十条第三款的规定，认定于海明的行为属于正当防卫，不负刑事责任，决定依法撤销于海明故意伤害案。其间，公安机关依据相关规定，听取了检察机关的意见，昆山市人民检察院同意公安机关的撤销案件决定。

**【检察机关的意见和理由】**

检察机关的意见与公安机关的处理意见一致，具体论证情况和理由如下：

第一，关于刘某的行为是否属于“行凶”的问题。在论证过程中有意见提出，刘某仅使用刀面击打于海明，犯罪故意的具体内容不确定，不宜认定为行凶。论证后认为，对行凶的认定，应当遵循刑法第二十条第三款的规定，以“严重危及人身安全的暴力犯罪”作为把握的标准。刘某开始阶段的推搡、踢打行为不属于“行凶”，但从持砍刀击打后，行为性质已经升级为暴力犯罪。刘某攻击行为凶狠，所持凶器可轻易致人死伤，随着事态发展，接下来会造成什么样的损害后果难以预料，于海明的人身安全处于现实的、急迫的和严重的危险之下。刘某具体抱持杀人的故意还是伤害的故意不确定，正是许多行凶行为的特征，而不是认定的障碍。因此，刘某的行为符合“行凶”的认定标准，应当认定为“行凶”。

第二，关于刘某的侵害行为是否属于“正在进行”的问题。在论证过程中有意见提出，于海明抢到砍刀后，刘某的侵害行为已经结束，不属于正在进行。论证后认为，判断侵害行为是否已经结束，应看侵害人是否已经实质性脱离现场以及是否还有继续攻击或再次发动攻击的可能。于海明抢到砍刀后，刘某立刻上前争夺，侵害行为没有停止，刘某受伤后又立刻跑向之前藏匿砍刀的汽车，于海明此时作不间断的追击也符合防卫的需要。于海明追砍两刀均未砍中，刘某从汽车旁边跑开后，于海明也未再追击。因此，在于海明抢得砍刀顺势反击时，刘某既未放弃攻击行为也未实质性脱离现场，不能认为侵害行为已经停止。

第三，关于于海明的行为是否属于正当防卫的问题。在论证过程中有意见提出，于海明本人所受损伤较小，但防卫行为却造成了刘某死亡的后果，二者对比不相适应，于海明的行为属于防卫过当。论证后认为，不法侵害行为既包括实害行为也包括危险行为，对于危险行为同样可以实施正当防卫。认为“于海明与刘某的伤情对比不相适应”的意见，只注意到了实害行为而忽视了危险行为，这种意见实际上是要求防卫人应等到暴力犯罪造成一定的伤害后果才能实施防卫，这不符合及时制止犯罪、让犯罪不能得逞的防卫需要，也不适当地缩小了正当防卫的依法成立范围，是不正确的。本案中，在刘某的行为因具有危险性而属于“行凶”的前提下，于海明采取防卫行为致其死亡，依法不属于防卫过当，不负刑事责任，于海明本人是否受伤或伤情轻重，对正当防卫的认定没有影响。公安机关认定于海明的行为系正当防卫，决定依法撤销案件的意见，完全正确。

**【指导意义】**

刑法第二十条第三款规定，“对正在进行行凶、杀人、抢劫、强奸、绑架以及其他严重危及人身安全的暴力犯罪，采取防卫行为，造成不法侵害人伤亡的，不属于防卫过当，不负刑事责任”。司法实践通常称这种正当防卫为“特殊防卫”。

刑法作出特殊防卫的规定，目的在于进一步体现“法不能向不法让步”的秩序理念，同时肯定防卫人以对等或超过的强度予以反击，即使造成不法侵害人伤亡，也不必顾虑可能成立防卫过当因而构成犯罪的问题。司法实践中，如果面对不法侵害人“行凶”性质的侵害行为，仍对防卫人限制过苛，不仅有违立法本意，也难以取得制止犯罪，保护公民人身权利不受侵害的效果。

适用本款规定，“行凶”是认定的难点，对此应当把握以下两点：一是必须是暴力犯罪，对于非暴力犯罪或一般暴力行为，不能认定为行凶；二是必须严重危及人身安全，即对人的生命、健康构成严重危险。在具体案件中，有些暴力行为的主观故意尚未通过客观行为明确表现出来，或者行为人本身就是持概括故意予以实施，这类行为的故意内容虽不确定，但已表现出多种故意的可能，其中只要有现实可能造成他人重伤或死亡的，均应当认定为“行凶”。

正当防卫以不法侵害正在进行为前提。所谓正在进行，是指不法侵害已经开始但尚未结束。不法侵害行为多种多样、性质各异，判断是否正在进行，应就具体行为和现场情境作具体分析。判断标准不能机械地对刑法上的着手与既遂作出理解、判断，因为着手与既遂侧重的是侵害人可罚性的行为阶段问题，而侵害行为正在进行，侧重的是防卫人的利益保护问题。所以，不能要求不法侵害行为已经加诸被害人身上，只要不法侵害的现实危险已经迫在眼前，或者已达既遂状态但侵害行为没有实施终了的，就应当认定为正在进行。

需要强调的是，特殊防卫不存在防卫过当的问题，因此不能作宽泛的认定。对于因民间矛盾引发、不法与合法对立不明显以及夹杂泄愤报复成分的案件，在认定特殊防卫时应当十分慎重。

【相关规定】

《中华人民共和国刑法》第二十条

## 侯雨秋正当防卫案

（检例第48号）

【关键词】

聚众斗殴　故意伤害　正当防卫　不起诉

【要旨】

单方聚众斗殴的，属于不法侵害，没有斗殴故意的一方可以进行正当防卫。单方持械聚众斗殴，对他人的人身安全造成严重危险的，应当认定为刑法第二十条第三款规定的“其他严重危及人身安全的暴力犯罪”。

【基本案情】

侯雨秋，男，1981年5月18日出生，务工人员。

侯雨秋系葛某经营的养生会所员工。2015年6月4日22时40分许，某足浴店股东沈某因怀疑葛某等人举报其店内有人卖淫嫖娼，遂纠集本店员工雷某、柴某等4人持棒球棍、匕首赶至葛某的养生会所。沈某先行进入会所，无故推翻大堂盆栽挑衅，与葛某等人扭打。雷某、柴某等人随后持棒球棍、匕首冲入会所，殴打店内人员，其中雷某持匕首两次刺中侯雨秋右大腿。其间，柴某所持棒球棍掉落，侯雨秋捡起棒球棍挥打，击中雷某头部致其当场倒地。该会所员工报警，公安人员赶至现场，将沈某等人抓获，并将侯雨秋、雷某送医救治。雷某经抢救无效，因严重颅脑损伤于6月24日死亡。侯雨秋的损伤程度构成轻微伤，该会所另有2人被打致轻微伤。

公安机关以侯雨秋涉嫌故意伤害罪，移送检察机关审查起诉。浙江省杭州市人民检察院根据审查认定的事实，依据《中华人民共和国刑法》第二十条第三款的规定，认为侯雨秋的行为属于正当防卫，不负刑事责任，决定对侯雨秋不起诉。

**【不起诉的理由】**

检察机关认为，本案沈某、雷某等人的行为属于刑法第二十条第三款规定的“其他严重危及人身安全的暴力犯罪”，侯雨秋对此采取防卫行为，造成不法侵害人之一雷某死亡，依法不属于防卫过当，不负刑事责任。主要理由如下：

第一，沈某、雷某等人的行为属于“其他严重危及人身安全的暴力犯罪”。判断不法侵害行为是否属于刑法第二十条第三款规定的“其他”犯罪，应当以本款列举的杀人、抢劫、强奸、绑架为参照，通过比较暴力程度、危险程度和刑法给予惩罚的力度等综合作出判断。本案沈某、雷某等人的行为，属于单方持械聚众斗殴，构成犯罪的法定最低刑虽然不重，与一般伤害罪相同，但刑法第二百九十二条同时规定，聚众斗殴，致人重伤、死亡的，依照刑法关于故意伤害致人重伤、故意杀人的规定定罪处罚。刑法作此规定表明，聚众斗殴行为常可造成他人重伤或者死亡，结合案件具体情况，可以判定聚众斗殴与故意致人伤亡的犯罪在暴力程度和危险程度上是一致的。本案沈某、雷某等共5人聚众持棒球棍、匕首等杀伤力很大的工具进行斗殴，短时间内已经打伤3人，应当认定为“其他严重危及人身安全的暴力犯罪”。

第二，侯雨秋的行为具有防卫性质。侯雨秋工作的养生会所与对方的足浴店，尽管存在生意竞争关系，但侯雨秋一方没有斗殴的故意，本案打斗的起因系对方挑起，打斗的地点也系在本方店内，所以双方攻击与防卫的关系清楚明了。沈某纠集雷某等人聚众斗殴属于正在进行的不法侵害，没有斗殴故意的侯雨秋一方可以进行正当防卫，因此侯雨秋的行为具有防卫性质。

第三，侯雨秋的行为不属于防卫过当，不负刑事责任。本案沈某、雷某等人的共同侵害行为，严重危及他人人身安全，侯雨秋为保护自己和本店人员免受暴力侵害，而采取防卫行为，造成不法侵害人之一雷某死亡，依据刑法第二十条第三款的规定，不属于防卫过当，不负刑事责任。

**【指导意义】**

刑法第二十条第三款规定的“其他严重危及人身安全的暴力犯罪”的认定，除了在方法上，以本款列举的四种罪行为参照，通过比较暴力程度、危险程度和刑法给予惩罚的力度作出判断以外，还应当注意把握以下几点：一是不法行为侵害的对象是人身安全，即危害人的生命权、健康权、自由权和性权利。人身安全之外的财产权利、民主权利等其他合法权利不在其内，这也是特殊防卫区别于一般防卫的一个重要特征；二是不法侵害行为具有暴力性，且应达到犯罪的程度。对本款列举的杀人、抢劫、强奸、绑架应作广义的理解，即不仅指这四种具体犯罪行为，也包括以此种暴力行为作为手段，而触犯其他罪名的犯罪行为，如以抢劫为手段的抢劫枪支、弹药、爆炸物的行为，以绑架为手段的拐卖妇女、儿童的行为，以及针对人的生命、健康而采取的放火、爆炸、决水等行为；三是不法侵害行为应当达到一定的严重程度，即有可能造成他人重伤或死亡的后果。需要强调的是，不法侵害行为是否已经造成实际伤害后果，不必然影响特殊防卫的成立。此外，针对不法侵害行为对他人人身安全造成的严重危险，可以实施特殊防卫。

在共同不法侵害案件中，“行凶”与“其他严重危及人身安全的暴力犯罪”，在认定上可以有一定交叉，具体可结合全案行为特征和各侵害人的具体行为特征作综合判定。另外，对于寻衅滋事行为，不宜直接认定为“其他严重危及人身安全的暴力犯罪”，寻衅滋事行为暴力程度较高、严重危及他人人身安全的，可分别认定为刑法第二十条第三款规定中的行凶、杀人或抢劫。需要说明的是，侵害行为最终成立何种罪名，对防卫人正当防卫的认定没有影响。

人民检察院审查起诉时，应当严把事实关、证据关和法律适用关。根据查明的事实，犯罪嫌疑人的行为属于正当防卫，不负刑事责任的，应当依法作出不起诉的决定，保障无罪的人不受刑事追究。

**【相关规定】**

《中华人民共和国刑法》第二十条

《中华人民共和国刑事诉讼法》第一百七十七条

# 正确理解和适用正当防卫的法律规定

## ——最高人民检察院副检察长孙谦就第十二批指导性案例答记者问

12月19日，最高人民检察院印发了第十二批指导性案例，涉及的四个案例均是正当防卫或者防卫过当的案件。最高人民检察院副检察长孙谦接受记者采访进一步介绍了最高检下发这批指导性案例的背景、主要内容和意义。

### 正当防卫不是“以暴制暴”，而是“以正对不正”

**问：最高人民检察院专门就正当防卫发布一批指导性案例，主要考虑是什么？**

**答：**正当防卫是法律赋予公民的基本权利，是与不法行为作斗争的重要手段。最高人民检察院发布第十二批指导性案例，专门阐释正当防卫的界限和把握标准，供司法办案参考。主要有以下几点考虑：

第一，及时回应社会关切。近几年，正当防卫问题引发社会广泛关注，起因虽是几起孤立的个案，但反映的却是新时代人民群众对民主、法治、公平、正义、安全的普遍诉求，所以明确正当防卫的界限标准，回应群众关切，是当前司法机关一项突出和紧迫的任务。建立案例指导制度，是司法改革的一项重大成果，新修订的《人民检察院组织法》对最高人民检察院有权发布指导性案例也作出了明确规定。通过发布指导性案例，以案释法，回应社会关切的复杂法律问题，统一司法适用标准，满足人民群众日益增长的法治需求，是检察工作坚持以人民为中心的发展思想的重要体现，也是让人民群众在每一个司法案件中感受到公平正义的必然要求，更是推进平安中国建设、法治中国建设的重要举措。

第二，进一步明确对正当防卫权的保护。1979 年刑法对正当防卫不负刑事责任作出了明确规定。1997 年刑法针对实践中正当防卫是否过当界限不好把握、影响公民行使正当防卫权的问题，一方面规定正当防卫“明显”超过必要限度造成“重大损害的”，才是防卫过当；另一方面，增加规定了“特殊防卫”，即“对于行凶、杀人、抢劫、强奸、绑架等严重危及人身安全的暴力犯罪，而采取防卫行为，造成不法侵害人伤亡的，不属于防卫过当，不负刑事责任”。《中华人民共和国民法总则》也规定，因正当防卫造成损害的，不承担民事责任。因此，正当防卫不是“以暴制暴”，而是“以正对不正”，是法律鼓励和保护的正当合法行为。法律允许防卫人对不法侵害人造成一定损害，甚至可以致伤、致死，这不仅可以有效震慑不法侵害人甚至潜在犯罪人，而且可以鼓励人民群众勇于同违法犯罪作斗争，体现“正义不向非正义低头”的价值取向。我们对此专门发布典型案例，进一步明确对正当防卫权的保护，目的就在于弘扬社会主义核心价值观，惩恶扬善，弘扬正气，保护见义勇为，向社会释放正能量。

第三，积极解决正当防卫适用中存在的突出问题。认定正当防卫行为，需要同时具备起因、时间、对象、限度等要件，而每个要件涉及很多具体问题，受执法理念和执法环境等因素的影响，使得各地对正当防卫的尺度把握不够统一。总的看，立法设计正当防卫的初衷在司法实践中并未得到充分实现。有的认定正当防卫过于苛刻，往往是在“理性假设”的基础上，苛求防卫人作出最合理的选择，特别是在致人重伤、死亡的案件中不善或者不敢作出认定；有的作简单化判断，以谁先动手、谁被打伤为准，没有综合考量前因后果和现场的具体情况；有的防卫行为本身复杂疑难，在判断上认识不一，分歧意见甚至旗鼓相当、针锋相对，这个时候司法机关无论作出什么样的认定，都易于受到不同方面的质疑。近年来一些案件引起社会广泛关注，比如于欢案、于海明案等，舆论曝光后，是故意伤害、防卫过当，还是正当防卫，专家学者和网络评论，争论非常激烈。这些案件虽然已经尘埃落定，取得较好的效果，但社会各界都希望最高司法机关进一步具体、形象地明确正当防卫的界限把握，解决适用中存在的突出问题。

## 既要避免对防卫行为作过苛、过严要求，也要防止“一刀切”“简单化”

**问：能否结合具体指导性案例，介绍一下正当防卫制度的主要内容？**

**答：**根据刑法第二十条的规定，正当防卫是指为了保护国家、公共利益、本人或者他人的人身、财产和其他权利免受正在进行的不法侵害，采取对不法侵害人造成或者可能造成损害的制止行为。正当防卫分为一般防卫和特殊防卫。针对正在进行的严重危及人身安全的暴力犯罪所进行的防卫，是特殊防卫，不存在防卫过当的问题；针对此外的其他不法侵害所进行的防卫，是一般防卫，存在可能的防卫过当问题，明显超过必要限度造成重大损害的，是防卫过当，要负刑事责任。所以，认定是否正当防卫的焦点问题，就是“什么是严重危及人身安全的暴力犯罪”“如果不属于这种暴力犯罪，那么反击的限度又在哪里”。这在具体案件判断上确实是比较复杂的。

我们发布的这批指导性案例中，陈某正当防卫案针对的是一般防卫的问题，在一般防卫中，防卫行为虽然造成了重大损害的客观后果，但是防卫措施并未明显超过必要限度，故不属于防卫过当，依法不负刑事责任。朱凤山故意伤害（防卫过当）案涉及民间矛盾，反映出的问题也比较常见，这个案例针对的是防卫过当问题，对于尚未危及人身安全的，比如熟人、亲属之间发生的非法侵入住宅、一定人身侵害行为，可以进行正当防卫，但防卫行为的强度不具有必要性并致不法侵害人重伤、死亡的，属于明显超过必要限度造成重大损害，构成防卫过当，应当负刑事责任，但是应当减轻或者免除处罚。于海明正当防卫案和侯雨秋正当防卫案，针对的是特殊防卫的问题，分别明确了“行凶”和“其他严重危及人身安全的暴力犯罪”的认定标准。比如，行凶已经造成严重危及人身安全的紧迫危险，即使没有发生严重的实害后果，也不影响正当防卫的成立；单方持械聚众斗殴，对他人的人身安全造成严重危险的，应当认定为刑法第二十条第三款规定的“其他严重危及人身安全的暴力犯罪”，需要指出的是，这种行为在黑恶势力犯罪中比较多见，明确这个界限，对于深入推进扫黑除恶专项斗争，以及鼓励人民群众与黑恶势力犯罪作斗争也有积极作用。

**问：正当防卫适用中，对防卫界限和“度”的把握，有哪些需要重点注意的问题？**

**答**：正当防卫的“度”在实践中如何把握，需要特别注意以下几点：

第一，权利不能滥用，“过”与“不及”均非司法之追求。一方面，对法与不法明确的犯罪、反击型案件，要鼓励大胆适用正当防卫，纠正以往常被视作“正常”的保守惯性，避免对防卫行为作过苛、过严要求；另一方面，司法实践也不能矫枉过正，防止“一刀切”“简单化”。要坚持具体案件具体分析，常见的比如客观上不存在非法侵害行为，误以为有侵害而“假想防卫”；或者故意引起对方侵害而乘机以“防卫”为借口侵害对方的“挑拨防卫”；以及侵害行为已经过去而实施报复的“事后防卫”，都不是刑法规定的正当防卫，这些行为可能构成犯罪，要承担刑事责任。

第二，在一般防卫中，要注意防卫措施的强度应当具有必要性。若防卫措施的强度与侵害的程度相差悬殊，则成立防卫过当，负刑事责任。这次发布的朱凤山案和此前社会关注的于欢案，防卫过当的问题比较明显，这两个案件都是为了制止一般侵害，而持刀捅刺侵害人要害部位，最终造成了侵害人重伤、死亡的重大损害，就防卫与侵害的性质、手段、强度和结果等因素的比较来看，既不必要也相差悬殊，因而成立防卫过当，应当负刑事责任。

第三，对于婚姻家庭、邻里纠纷等民间矛盾引发的侵害行为，以及亲属之间发生的侵害行为，在认定防卫性质时要仔细分辨。对于仗势欺人、借离婚退婚等日常矛盾寻衅报复的，对防卫人的防卫权要依法保护，也要敢于认定；对于互有过错，由一般性争执升级演变为不法侵害的，应当查明细节，分清前因后果和是非曲直，审慎作出认定。

## 这批指导性案例体现了依法履行法律监督职能的检察特色

**问：我们注意到这四起案件颇具检察特色，您能否具体谈一谈？**

**答**：近年来，各级检察机关认真贯彻落实习近平总书记关于让人民群众在每一个司法案件中感受到公平正义的要求，坚持以人民为中心的发展思想，及时回应群众关切，注意正确把握刑事犯罪与正当防卫、正当防卫与防卫过当、正当防卫与假象防卫的界限，在依法准确认定案件性质，保护公民的正当防卫权方面作出了积极努力，一些案件的办理受到群众称赞。这批案例除集中围绕正当防卫这一主题外，也体现了依法履行法律监督职能的检察特色，分别从介入侦查、审查逮捕、审查起诉和二审检察等四个方面，体现了在办案中监督、在监督中办案的理念和成效。

第一，提前介入侦查，确保案件准确定性。对于重大刑事案件，检察机关应公安机关邀请或者主动提前介入侦查，是依法履行侦查监督职能，有效惩治犯罪、保障人权的重要途径和手段。在刑事案件办理中，公安机关有收集固定证据、侦查手段和策略上的优势，检察机关有事实归纳、证据把握和法律分析上的优势。检察机关及时介入侦查，与公安机关分工负责，相互配合，相互制约，发挥各自所长，第一时间达成一致，有利于及早明确侦查方向，全面收集固定证据，确保案件准确定性。在于海明案件中，公安机关第一时间听取检察机关的意见，检察机关为此组织精干力量，进行了充分的论证和研究。这起案件的正确处理，充分体现了公安机关的准确执法和敢于担当，这对于今后的执法办案工作会有深远的影响。

第二，坚持司法定力，依法独立行使批捕权。批准逮捕是宪法和法律赋予检察机关的一项重要职权，是有效惩治犯罪、防止冤假错案的重要关口。检察机关对公安机关提请逮捕的案件，应当严格把握逮捕条件，排除干扰，依法独立作出是否批准逮捕的决定。在陈某正当防卫案中，检察机关敢于担当、果断决定，彰显和宣扬了司法机关的公平正义导向，有力维护了法律的尊严。检察机关在对本案作出不批准逮捕决定的同时，为实现"三个效果"的统一，还制定了周密的释法说理方案，由办案部门检察官用人民群众听得懂的语言，从公平正义、伦理道德等方面阐述案情，在朴素的正义观上与当事人亲属寻求同频共振，检察机关的处理决定获得了当事人亲属的高度认可和支持。

第三，坚守客观公正，依法正确行使不起诉权。审查起诉、不起诉、提起公诉、出庭支持公诉是人民检察院的基本职能。刑事诉讼法规定，检察机关在审查案件时，不仅要查明应当追究刑事责任的情形，依法提起公诉，还必须查明是否属于不应追究刑事责任的情形。对于符合刑法第二十条规定的，应当依法认定为正当防卫，并作出不起诉决定。在办理侯雨秋正当防卫案时，尽管发生了死亡的后果，但检察机关没有惟结果论，在查明案件事实的基础上敢于担当，认定行为人构成正当防卫，并依法作出了不起诉决定。

第四，强化法律监督，勇于纠错担当。检察机关对刑事判决、裁定是否正确进行监督，上级检察院对下级检察院的起诉指控是否正确进行监督，是维护司法公正、保障诉讼参与人合法权利的重要举措。对提起公诉和一审判决存在的错误予以纠正，既是检察机关实施法律监督义不容辞的职责，也是直面问题，勇于纠错担当的体现。同时，在办案过程中，还必须高度重视犯罪嫌疑人、被告人及其辩护人提出的正当防卫或防卫过当的意见，对于所提意见成立的，应当及时予以采纳或支持，依法保障当事人的合法权利。在朱凤山案件中，一审公诉、判决均没有认定防卫性质，检察机关二审审查认为，朱凤山及其辩护人所提防卫过当的意见是成立的，在二审出庭时依法发表了纠正意见，并得到了二审法院的支持。

## 激活正当防卫制度，彰显依法防卫者优先保护理念

**问：第十二批指导性案例的意义都有哪些，您能否具体介绍一下？**

**答：**依据《最高人民检察院关于案例指导工作的规定》，对于最高人民检察院发布的指导性案例，各级人民检察院在办理类似案件时要参照适用。同时，最高人民检察院发布指导性案例，也是开展检察官以案释法，强化法治宣传教育，在检察环节落实“谁司法谁普法”的普法责任制的具体举措。最高人民检察院围绕正当防卫主题发布第十二批指导性案例，意义主要有以下几个方面：

第一，激活正当防卫制度，彰显依法防卫者优先保护理念。我国关于正当防卫的立法已经相对比较完整，只要树立正确理念，正确贯彻执行，强化责任担当，就可以充分激活实践中一些地方正当防卫制度实际“沉睡”的问题。在防卫者和不法侵害者的人权保障冲突时，利益保护的天平倾向于防卫者，这既合乎国法，也合乎天理、人情。比如，于海明正当防卫案，是刘某交通违章在先，寻衅滋事在先，持刀攻击在先。如果在事实和价值上不作出对于海明有利的选择和认定，不仅难以警示恶意滋事者，更会在未来让公民不敢行使正当防卫权，还会导致公民面对凶残暴徒时畏手畏脚。本案认定为正当防卫，可以破除这种错误认识，具有倡导社会良好风尚、弘扬正气的现实价值。

第二，提炼规则以案释法，明确正当防卫适用标准。正当防卫制度在司法适用过程中疑难问题较多，发挥其应有的作用任重道远。最高人民检察院发布指导性案例，充分发挥案例针对性强和易于把握的特点，用典型案例指导类似案件的办理，确立正当防卫制度法律适用“由具体到具体”的参照标准，能够有效确保同类案件的法律适用基本统一、处理结果基本一致。第十二批指导性案例通过体例的进一步完善和创新，展示了案例成功办理的过程和结果，揭

示了蕴含其中的法律精神和内涵，生动回答了办理同类案件面临的疑难复杂法律问题，同时也让人民群众通过案例直观了解正当防卫的知识、自觉运用法律武器维护自身合法权益。

第三，强化法律监督职能，推动实现双赢多赢共赢。法律监督是我国检察机关的宪法定位。检察机关秉持客观公正的立场，严把事实关、证据关、程序关、适用法律关，纠正违法，追诉犯罪，保障人权，确保法律统一正确实施，是检察机关作为“法律守护人”的应担之责。“一个案例，胜过一打文件”。发布指导性案例，为检察机关在介入侦查、审查逮捕、审查起诉、二审检察等过程中依法履行法律监督职责、促进严格执法公正司法提供了指引。

第四，推进法治建设，培育良好社会风尚。“一个行动胜过一打纲领”。检察机关既是社会主义法治建设的重要力量，也是推进社会主义核心价值观融入法治建设的重要参与者和实践者。这次发布的四个指导性案例，案情不同、阶段不同、特点不同，但有一点是相同的，那就是通过检察机关的办案实践，把社会主义核心价值观融入办案过程，使司法活动既遵从法律规范，又符合道德标准；既守护公平正义，又弘扬美德善行，最终结果实现“法、理、情”的统一。从这个意义上说，这四个案例，既是正当防卫的指导性案例，也是检察机关以法治手段维护社会主义核心价值观的指导性案例。比如陈某正当防卫案，在该案“指导意义”中，针对校园霸凌等社会高度关注的突出问题，我们特别指出，正当防卫既可以是为了保护自己的合法权益，也可以是为了保护他人的合法权益。《中华人民共和国未成年人保护法》第六条第二款也规定，“对侵犯未成年人合法权益的行为，任何组织和个人都有权予以劝阻、制止或者向有关部门提出检举或者控告”。对于未成年人正在遭受侵害的，任何人都有权介入保护，成年人更有责任予以救助。各级检察机关应以此次正当防卫指导性案例发布为契机，依法准确认定正当防卫，以公正司法践行社会主义核心价值观，为全面推进依法治国贡献检察智慧和检察力量。

最后，需要再次强调的是，任何权利都不能滥用，正当防卫权更是如此。公民遇到不法侵害，具备条件的应当优先选择报警，通过公安机关解决矛盾、防范侵害，尽可能理性平和解决争端，避免滥用武力，共同培育和谐良好的社会风尚。

[司法解释、司法指导性文件与解读]

最高人民检察院

# 关于印发《最高人民检察院关于全面加强未成年人国家司法救助工作的意见》的通知

2018 年 2 月 27 日　　　　　　　　高检发刑申字〔2018〕1 号

**各省、自治区、直辖市人民检察院，解放军军事检察院，新疆生产建设兵团人民检察院：**

现将《最高人民检察院关于全面加强未成年人国家司法救助工作的意见》印发你们，请结合工作实际，认真贯彻执行。贯彻实施情况及遇到的问题，请及时报告最高人民检察院。

**附：**

最高人民检察院

## 关于全面加强未成年人国家司法救助工作的意见

为进一步加强未成年人司法保护，深入推进检察机关国家司法救助工作，根据《中华人民共和国未成年人保护法》和中央政法委、财政部、最高人民法院、最高人民检察院、公安部、司法部《关于建立完善国家司法救助制度的意见（试行）》《最高人民检察院关于贯彻实施〈关于建立完善国家司法救助制度的意见（试行）〉的若干意见》《人民检察院国家司法救助工作细则

(试行)》，结合检察工作实际，现就全面加强未成年人国家司法救助工作，提出如下意见。

## 一、充分认识未成年人国家司法救助工作的重要意义

未成年人是祖国的未来，未成年人的健康成长直接关系到亿万家庭对美好生活的向往，关系到国家的富强和民族的复兴，关系到新时代社会主义现代化强国的全面建成。保护未成年人，既是全社会的共同责任，也是检察机关的重要职责。近年来，对未成年人的司法保护取得长足进展，但未成年人及其家庭因案返贫致困情况仍然存在，甚至出现生活无着、学业难继等问题，严重损害了未成年人合法权益，妨害了未成年人健康成长。对此，各地检察机关积极开展国家司法救助工作，及时帮扶司法过程中陷入困境的未成年人，取得明显成效，收到良好效果。各级检察机关要充分总结经验，进一步提高认识，切实增强开展未成年人国家司法救助工作的责任感和自觉性，以救助工作精细化、救助对象精准化、救助效果最优化为目标，突出未成年人保护重点，全面履行办案机关的司法责任，采取更加有力的措施，不断提升未成年人国家司法救助工作水平，在司法工作中充分反映党和政府的民生关怀，切实体现人民司法的温度、温情和温暖，帮助未成年人走出生活困境，迈上健康快乐成长的人生道路。

## 二、牢固树立特殊保护、及时救助的理念

未成年人身心未臻成熟，个体应变能力和心理承受能力较弱，容易受到不法侵害且往往造成严重后果。检察机关办理案件时，对特定案件中符合条件的未成年人，应当依职权及时开展国家司法救助工作，根据未成年人身心特点和未来发展需要，给予特殊、优先和全面保护。既立足于帮助未成年人尽快摆脱当前生活困境，也应着力改善未成年人的身心状况、家庭教养和社会环境，促进未成年人健康成长。既立足于帮助未成年人恢复正常生活学习，也应尊重未成年人的人格尊严、名誉权和隐私权等合法权利，避免造成“二次伤害”。既立足于发挥检察机关自身职能作用，也应充分连通其他相关部门和组织，调动社会各方面积极性，形成未成年人社会保护工作合力。

## 三、明确救助对象，实现救助范围全覆盖

对下列未成年人，案件管辖地检察机关应当给予救助：

（一）受到犯罪侵害致使身体出现伤残或者心理遭受严重创伤，因不能及时获得有效赔偿，造成生活困难的。

（二）受到犯罪侵害急需救治，其家庭无力承担医疗救治费用的。

（三）抚养人受到犯罪侵害致死，因不能及时获得有效赔偿，造成生活困难的。

（四）家庭财产受到犯罪侵害遭受重大损失，因不能及时获得有效赔偿，且未获得合理补偿、救助，造成生活困难的。

（五）因举报、作证受到打击报复，致使身体受到伤害或者家庭财产遭受重大损失，因不能及时获得有效赔偿，造成生活困难的。

（六）追索抚育费，因被执行人没有履行能力，造成生活困难的。

（七）因道路交通事故等民事侵权行为造成人身伤害，无法通过诉讼获得有效赔偿，造成生活困难的。

（八）其他因案件造成生活困难，认为需要救助的。

## 四、合理确定救助标准，确保救助金专款专用

检察机关决定对未成年人支付救助金的，应当根据未成年人家庭的经济状况，综合考虑其学习成长所需的合理费用，以案件管辖地所在省、自治区、直辖市上一年度职工月平均工资为基准确定救助金，一般不超过三十六个月的工资总额。对身体重伤或者严重残疾、家庭生活特别困难的未成年人，以及需要长期进行心理治疗或者身体康复的未成年人，可以突破救助限额，并依照有关规定报批。相关法律文书需要向社会公开的，应当隐去未成年人及其法定代理人、监护人的身份信息。

要加强对救助金使用情况的监督，必要时可以采用分期发放、第三方代管等救助金使用监管模式，确保救助金用作未成年人必需的合理支出。对截留、侵占、私分或者挪用救助金的单位和个人，严格依纪依法追究责任，并追回救助金。

## 五、积极开展多元方式救助，提升救助工作实效

未成年人健康快乐成长，既需要物质帮助，也需要精神抚慰和心理疏导；既需要解决生活面临的急迫困难，也需要安排好未来学习成长。检察机关在开展未成年人国家司法救助工作中，要增强对未成年人的特殊、优先保护意识，

避免“给钱了事”的简单化做法，针对未成年人的具体情况，依托有关单位，借助专业力量，因人施策，精准帮扶，切实突出长远救助效果。

对下列因案件陷入困境的未成年人，检察机关可以给予相应方式帮助：

（一）对遭受性侵害、监护侵害以及其他身体伤害的，进行心理安抚和疏导；对出现心理创伤或者精神损害的，实施心理治疗。

（二）对没有监护人、监护人没有监护能力或者原监护人被撤销资格的，协助开展生活安置、提供临时照料、指定监护人等相关工作。

（三）对未完成义务教育而失学辍学的，帮助重返学校，对因经济困难可能导致失学辍学的，推动落实相关学生资助政策；对需要转学的，协调办理相关手续。

（四）对因身体伤残出现就医、康复困难的，帮助落实医疗、康复机构，促进身体康复。

（五）对因身体伤害或者财产损失提起附带民事诉讼的，帮助获得法律援助；对单独提起民事诉讼的，协调减免相关诉讼费用。

（六）对适龄未成年人有劳动、创业等意愿但缺乏必要技能的，协调有关部门提供技能培训等帮助。

（七）对符合社会救助条件的，给予政策咨询、帮扶转介，帮助协调其户籍所在地有关部门按规定纳入相关社会救助范围。

（八）认为合理、有效的其他方式。

## 六、主动开展救助工作，落实内部职责分工

国家司法救助工作是检察机关的重要职能，对未成年人进行司法保护是检察机关的应尽职责，开展好未成年人国家司法救助工作，需要各级检察机关、检察机关各相关职能部门和广大检察人员积极参与，群策群力，有效合作，共同推进。

刑事申诉检察部门负责受理、审查救助申请、提出救助审查意见和发放救助金等有关工作，未成年人检察工作部门负责给予其他方式救助等有关工作。侦查监督、公诉、刑事执行检察、民事行政检察、控告检察等办案部门要增强依职权主动救助意识，全面掌握未成年人受害情况和生活困难情况，对需要支付救助金的，及时交由刑事申诉检察部门按规定办理；对需要给予其他方式帮助的，及时交由未成年人检察工作部门按规定办理，或者通知未成年人检察工

作部门介入。

刑事申诉检察部门和未成年人检察工作部门要注意加强沟通联系和协作配合，保障相关救助措施尽快落实到位。

## 七、积极调动各方力量，构建外部合作机制

检察机关开展未成年人国家司法救助工作，要坚持党委政法委统一领导，加强与法院、公安、司法行政部门的衔接，争取教育、民政、财政、人力资源和社会保障、卫计委等部门支持，对接共青团、妇联、关工委、工会、律协等群团组织和学校、医院、社区等相关单位，引导社会组织尤其是未成年人保护组织、公益慈善组织、社会工作服务机构、志愿者队伍等社会力量，搭建形成党委领导、政府支持、各有关方面积极参与的未成年人国家司法救助支持体系。

要主动运用相关公益项目和利用公共志愿服务平台，充分发挥其资源丰富、方法灵活、形式多样的优势，进一步拓展未成年人国家司法救助工作的深度和广度。

要坚持政府主导、社会广泛参与的救助资金筹措方式，不断加大筹措力度，拓宽来源渠道，积极鼓励爱心企业、爱心人士捐助救助资金。接受、使用捐助资金，应当向捐助人反馈救助的具体对象和救助金额，确保资金使用的透明度和公正性。

## 八、加强组织领导，健康有序推进救助工作

各级检察机关要以高度的政治责任感，加强和改善对未成年人国家司法救助工作的领导，精心组织、周密部署、抓好落实，努力形成各相关部门分工明确、衔接有序、紧密配合、协同推进的工作格局。上级检察机关要切实履行对本地区未成年人国家司法救助工作的组织、指导职责，加强对下级检察机关开展救助工作的督导，全面掌握救助工作进展情况，及时解决问题，总结推广经验，着力提升本地区未成年人国家司法救助工作水平。要加强宣传引导，展示典型案例和积极成效，努力创造全社会关注、关心和关爱未成年人国家司法救助工作的良好氛围。

# 解读——《最高人民检察院关于全面加强未成年人国家司法救助工作的意见》

尹伊君　马　滔　赵景川*

2018年2月27日，最高人民检察院印发《最高人民检察院关于全面加强未成年人国家司法救助工作的意见》（以下简称《未成年人救助意见》）。《未成年人救助意见》的出台是最高人民检察院深入贯彻落实党的十九大和习近平总书记系列重要讲话精神，全面加强未成年人司法保护的重要举措，对于进一步加强和改进检察机关未成年人国家司法救助工作，及时帮扶因案致困的未成年人，改善未成年人的身心状况、家庭教养和社会环境，保障未成年人的合法权益，切实促进未成年人健康成长具有十分重要的意义。为了便于各地检察机关正确理解和适用《未成年人救助意见》，对相关重点问题作进一步说明。

## 一、关于《未成年人救助意见》的制定背景

未成年人是祖国的花朵和希望，也是国家未来的建设者和发展者。我国约有4亿未成年人，加强对未成年人的保护，关系到未成年人的健康成长，关系到亿万家庭幸福安宁，也关系到国家的发展和民族的复兴，既是全社会的共同责任，也是检察机关的重要职责。党和国家历来高度重视未成年人保护工作，先后出台一系列制度措施，立法机关颁布了未成年人保护法等法律，党的十八大和十八届三中、四中、五中全会对保障未成年人权益作出重要部署，党的十九大对此又提出新的明确要求，为持续关心未成年人、高度重视未成年人保护提供了具体遵循。最高人民检察院还先后制定《关于进一步加强未成年人刑事检察工作的决定》《检察机关加强未成年人司法保护八项措施》等规范性文件，积极落实和不断强化对未成年人的司法保护。

---

* 作者单位：最高人民检察院刑事申诉检察厅。

当前司法实践中，侵害未成年人合法权益的事件仍然较多，有些未成年人甚至受不法侵害致死或致伤致残。这不仅影响未成年人的健康成长，而且不利于社会稳定和长远发展。为解决涉案未成年人面临的急迫困难，各地检察机关依据中央政法委、财政部、最高人民法院、最高人民检察院、公安部、司法部《关于建立完善国家司法救助制度的意见（试行）》（2014年1月17日印发，以下简称《中央六单位意见》），以及最高人民检察院出台的《关于贯彻实施〈关于建立完善国家司法救助制度的意见（试行）〉的若干意见》（2014年3月26日印发，以下简称《最高检意见》），《人民检察院国家司法救助工作细则（试行）》（2016年8月16日印发，以下简称《救助细则》），积极开展对未成年人的国家司法救助工作，取得明显成效，得到了社会各界的充分肯定和高度评价。但是，各地检察机关开展的未成年人国家司法救助工作仍然存在一些亟待解决的问题。因此，有必要立足当前、着眼长远，根据检察工作实际，提出有针对性的措施，对进一步加强和改进检察机关未成年人国家司法救助工作进行明确的指导，以强化对未成年人的特殊保护。此外，文件的出台，也充分反映了近年来检察机关国家司法救助工作精细化发展和对救助对象精准化帮扶的趋向。

## 二、关于《未成年人救助意见》的制定原则

在制定《未成年人救助意见》过程中，坚持了以下原则：

一是坚持贯彻未成年人保护法及有关规定精神。未成年人保护法是国家全面保护未成年人合法权益的基本法律，第五十条明确规定检察机关应当依法履行职责，在司法活动中保护未成年人的合法权益，第五十一条还规定了对未成年人的司法救助。《中央六单位意见》《最高检意见》《救助细则》是检察机关开展未成年人国家司法救助工作的基本依据，规定了救助工作的具体内容。《未成年人救助意见》以上述规定为基础和遵循，以有利于国家未来发展和未成年人健康成长为价值引领，针对未成人司法保护实践的客观需要，对救助范围、救助标准等，特别是救助方式，进行了探索完善，增强针对性，强化操作性，以进一步加强和深化未成年人国家司法救助工作。

二是坚持以解决重点问题为导向。为掌握检察机关开展未成年人国家司法救助工作情况，研究制定前，最高人民检察院专门开展专题调研活动，总结回顾近年来各地救助工作的有效经验，全面把握存在的突出问题。在此基础上，

从明确工作要求、完善工作措施、规范工作内容等方面谋篇布局，以形成提升检察机关未成年人国家司法救助工作水平的指导性文件，着力解决司法实践中的突出问题。如为解决救助理念落实不到位、救助长效不理想的问题，《未成年人救助意见》强调要牢固树立特殊保护、及时救助的理念，并规定了相应的跟进救助措施；为解决内部职能交织问题，明确了相应职能分工，并建立了连通协作机制等。

三是坚持实现未成年人权益优先保护。未成年人是一个特殊群体，身心正处于从不成熟到成熟的转变时期，尚未形成健全的世界观、人生观、价值观，个体应变能力和心理承受能力较弱，容易受到外界的诱惑，缺乏自我保护能力，遭受不法侵害往往造成影响其健康成长的严重后果，需要国家机关、学校、家庭、社会各方面和全体公民给予特别的关心和爱护。《未成年人救助意见》强调，检察机关应当根据未成年人身心特点和未来发展的客观需要，给予特殊、优先和全面保护，针对未成年人的具体情况，既可以给予物质帮助，也可以给予精神抚慰和心理疏导；既要解决未成年人生活面临的急迫困难，也要积极帮助安排好未来的学习成长。

四是坚持对未成年人的“三贴近”。即贴近未成年人身心实际、贴近未成年人生活学习、贴近未成年人未来发展，促进未成年人健康快乐成长。《未成年人救助意见》既着眼于解决当前急迫困难，又考虑其他方面的客观需要，坚持经济救助和其他方式救助并用并重，积极构建多元化救助工作模式，因人施策，精准帮扶，切实突出长远救助效果，最大限度地保护未成年人的合法权益。

五是坚持调动社会各方面积极力量。解决未成年人在司法过程中面临的困难，为未成年人健康成长创造一个良好的外部学习、生活环境，检察机关责无旁贷，但很多时候需要解决的困难涉及社会方方面面，仅依靠检察机关自身的力量，难以较好地完成这个重任，还需要各有关国家机关、社会团体、企业事业组织、学校、家庭和全体公民积极参与、全力支持，这也是未成年人保护法的明确要求。对此，《未成年人救助意见》规定，要积极协调各方力量，建立健全救助衔接联动机制，形成有效的救助工作合力。

上述几条原则，既是指导整个制定起草工作的基本原则，也是未成年人国家司法救助工作应当一以贯之的重要理念，对各级检察机关准确理解未成年人国家司法救助制度，正确适用《未成年人救助意见》抓好具体工作，具有提纲挈领作用。

## 三、关于《未成年人救助意见》的主要内容

《未成年人救助意见》分为八个部分，明确了检察机关开展未成年人国家司法救助的重要意义、基本理念、对象范围、救助方式、救助标准、内部协作、外部衔接、组织领导等内容。主要内容有：

（一）关于救助理念

未成年人保护法第三条规定，国家根据未成年人身心发展特点给予特殊、优先保护，保障未成年人的合法权益不受侵犯。因此，《未成年人救助意见》第二部分专门强调，检察机关开展未成年人国家司法救助工作要牢固树立特殊保护的理念，同时结合司法救助工作的性质特点，还提出要牢固树立及时救助的理念，凸显救助效率和效果。起草过程中，有意见提出增加规定全面保护的理念，考虑特殊保护理念已可以涵括全面保护的内容，未再作重复规定。

具体理解和把握特殊保护、及时救助的理念，需要注意以下方面：

一是坚持主动救助。在多年来的国家司法救助工作中，最高人民检察院一直强调各地要积极主动开展救助工作。未成年人认知能力不足，法律知识欠缺，不能独立应对重大困难和问题，做好未成年人国家司法救助工作，更加需要检察机关增强依职权主动救助意识，主动审查未成年人的困难情况，主动对符合救助条件的未成年人启动救助程序，主动采用针对性更强的救助方式，主动追求最优化的救助效果。

二是坚持及时救助。国家建立司法救助制度的初衷，重点就是解决符合条件的特定案件当事人生活面临的急迫困难，急人所难、雪中送炭，因此，必须及时救助、高效救助。检察机关办案部门对符合条件的救助案件线索，要及时交由刑事申诉检察部门、未成年人检察工作部门按规定办理，两部门要及时办结并提出是否予以救助和适用哪些救助方式的意见，及时将救助金发放到位，将相关救助方式落实到位，帮助未成年人尽快摆脱当前生活困境。

三是坚持全面救助。给予未成年人全面救助，是贯彻落实“三贴近”原则的必然要求，是解决未成年人面临的经济困难和其他各方面困难的现实需要。检察机关既要注意有针对性地全方位解决未成年人面临的临时急迫困难，及时帮助陷入困境的未成年人重回正常生活学习轨道，又要注意着力改善未成年人的身心状况、家庭教养和社会环境，促进未成年人健康快乐成长。

四是坚持联动救助。检察机关要全面发挥自身职能作用，防止在检察环节出现保护真空，全力帮扶符合条件的未成年人，还要连通其他相关部门和组织，充分调动社会各方面积极性，整合政策资源、部门资源、层级资源和社会资源，推动建立衔接有序、紧密配合、协同推进的跨部门合作长效工作机制，促进司法救助与家庭保护、学校保护、社会保护的良性融合。

五是注重保护隐私。未成年人身心尚不成熟，心理承受能力较弱，未成年人保护法第五条特别强调，保护未成年人的工作，应当尊重未成年人的人格尊严。因此，检察机关在救助工作中既要充分反映党和政府的民生关怀，切实体现人民司法的温度、温情和温暖，帮助未成年人走出生活困境，还要尊重、保障未成年人的人格尊严、名誉权和隐私权等合法权利，切实防止出现“二次伤害”。

（二）关于救助对象

《未成年人救助意见》在《中央六单位意见》《最高检意见》《救助细则》规定的救助对象和范围的基础上，根据对未成年人特殊保护的需要，对未成年人国家司法救助的对象和范围，进行了明确规范和适当拓宽，要求对符合八种情形之一的未成年人，案件管辖地检察机关应当给予救助。

相较《救助细则》的规定，《未成年人救助意见》关于未成年人国家司法救助的对象和范围主要有以下变化：一是根据未成年人因治疗心理创伤可能导致的家庭经济困难，增加规定“心理遭受严重创伤，因不能及时获得有效赔偿，造成生活困难的”未成年人，作为救助对象。二是基于特殊保护、及时救助理念，在部分救助对象中，将《救助细则》规定的“无法通过诉讼获得有效赔偿”调整为“不能及时获得有效赔偿”，以提升对未成年人救助的及时性和实效性。三是增加规定“追索抚育费，因被执行人没有履行能力，造成生活困难的”未成年人，作为救助对象，以贴合未成年人国家司法救助工作实际。起草过程中，不少地方提出，“抚养人受到犯罪侵害致重伤，因不能及时获得有效赔偿，造成生活困难的”未成年人也应规定为救助对象，考虑到此类案件中，被害人本人可依《救助细则》直接提出救助申请，不必再把未成年子女列为救助对象。专家学者和一些地方提出，对涉罪人员的未成年子女和涉罪未成年人，确有救助必要且救助效果较好的，可以参照执行，考虑到此类救助对象缺乏政策法律依据，且超出了《中央六单位意见》规定的范围，故未作吸收规定。

准确把握《未成年人救助意见》规定的救助对象和范围，应当注意以下几个重点：第一，因一些救助对象不再要求“无法通过诉讼获得有效赔偿”，因此，检察机关发现属于这种情形的未成年人，即可启动救助程序，无须再行等待诉讼获赔结果确认其不能通过诉讼程序获得赔偿。第二，检察机关的救助范围主要是刑事案件，但对于部分民事侵权案件的未成年人，如追索抚育费的未成年人、道路交通事故受害未成年人，即使其对案件的裁判结果无异议，如果符合救助条件并向检察机关申请救助，且未获得其他机关救助的，也可以给予救助。第三，《未成年人救助意见》系专门针对未成年人救助对象而制定的规范性文件，其没有规定的内容，应当继续适用《中央六单位意见》《最高检意见》《救助细则》的规定。比如，《未成年人救助意见》未规定不予救助的情形，但对于符合《救助细则》第八条规定的六种情形之一的未成年人，一般也不予救助。

（三）关于救助方式

《中央六单位意见》《最高检意见》《救助细则》均规定，国家司法救助以支付救助金为主要方式。但司法实践中，很多时候未成年人面临的主要困境并非经济困难，因此，《未成年人救助意见》并未强调以支付救助金为主要方式，而是要求坚持经济救助和其他相应方式救助并用并重，积极推动落实经济救助、思想疏导、心理治疗、教育帮扶、身体康复、法律援助、技能培训、社会救助等相结合的综合救助方式。

具体来说：第一，对于特定案件中不能及时获得有效赔偿，造成生活困难的未成年人，支付救助金是开展救助工作的基本方式。第二，对遭受性侵害、监护侵害以及其他身体伤害的，进行心理安抚和疏导，对出现心理创伤或者精神损害的，实施心理治疗，这些工作有条件的检察机关可自行开展，条件不具备的，可以购买社会服务，或者争取相关社会公益机构的支持。第三，对没有监护人、监护人没有监护能力或者原监护人被撤销资格的，协助开展生活安置、提供临时照料、指定监护人等相关工作，民法通则第十六条对未成年人监护人的确定有明确规定，检察机关可以积极开展未成年人监护人确定前的相关帮扶工作。第四，对未完成义务教育而失学辍学的，帮助重返学校，对因经济困难可能导致失学辍学的，推动落实相关学生资助政策，对需要转学的，协调办理相关手续。根据我国法律法规规定，对符合条件的家庭困难学生，均可享受现有的学生资助政策，对困境学生，检察机关可以积极联系学校和家长，推动和督促有关政策及时落实到位，防止出现失学辍学情况。第五，对因身体伤残出现就医、康复困难的，帮助落实医疗、康复机构，促进身体康复，主要是针对行动不便、需要长期治疗的未成年被害人。第六，对因身体伤害或者财产损失提起附带民事诉讼的，帮助获得法律援助，对单独提起民事诉讼的，协调减免相关诉讼费用。国务院2003年9月实施的《法律援助条例》规定法律援助是政府的责任，未成年人保护法第五十一条亦规定，法律援助机构应当依法为司法过程中需要帮助的未成年人提供法律援助，检察机关在办案过程中，应当积极协调落实国家法律援助，帮助未成年人及时获得经济赔偿。第七，对适龄未成年人有劳动、创业等意愿但缺乏必要技能的，协调有关部门提供技能培训等帮助，民法通则第十一条规定，十六周岁以上不满十八周岁的公民，以自己的劳动收入为主要生活来源的，视为完全民事行为能力人，对于这类未成年被害人，有劳动创业意愿的，可以提供相应帮扶。第八，对符合社会救助条件的，给予政策咨询、帮扶转介，帮助协调有关部门按规定纳入相关社会救助范围，这些工作需要检察机关主动加强与民政、人力资源和社会保障等部门的沟通协调来完成。办理案件的检察机关和接受救助的未成年人户籍所在地不一致的，办理案件的检察机关和未成年人户籍所在地检察机关还应依据《救助细则》第十二条的规定，共同做好对未成年人落实社会救助措施的相关工作。除上述救助方式外，检察机关根据未成年人的实际情况，还可以采取其他合理、有效的救助方式。

司法实践中，对于符合条件的未成年人，检察机关可以单独支付救助金，或者单独采用相应方式救助，也可以根据未成年人的实际情况，在支付救助金的同时并用其他相应方式进行救助。

（四）关于救助标准

《未成年人救助意见》保持了《中央六单位意见》《最高检意见》《救助细则》规定的救助标准，明确规定：决定支付救助金的，对未成年人的救助标准，以案件管辖地所在省、自治区、直辖市上一年度职工月平均工资为基准，一般不超过三十六个月的工资总额。但同时强调，如果未成年人身体重伤或者严重残疾、家庭生活特别困难，或者需要长期进行心理治疗或者身体康复的，确定救助金数额时，可以突破救助限额。

考虑到接受救助的未成年人多数是无行为能力人或限制行为能力人，还不能理性对待经济开支，无独立管理大额救助金的能力，为避免出现救助金发放后，有些法定代理人、监护人滥用或怠于行使管理责任，将救助金挪作他用，甚至短期内被消费殆尽的情况，《未成年人救助意见》吸收一些地方的成功经验，强调要加强对救助金使用情况的监督，确保专款专用、善款善用，必要时可以采用分期发放、第三方代管等救助金使用监管模式，确保救助金用作未成年人必需的合理支出。

（五）关于内部协作和外部衔接

对未成年人进行司法保护是检察机关的应尽职责，开展好未成年人国家司法救助工作，需要各级检察机关、检察机关各相关职能部门和广大检察人员，以及社会各有关方面积极参与，群策群力，互相支持，有效协作，共同推进。

关于检察机关内部职责分工方面，《未成年人救助意见》强调，侦查监督、公诉、刑事执行检察、民事行政检察、控告检察等办案部门要主动、全面掌握未成年人受害情况和生活困难情况，及时移送救助案件线索。刑事申诉检察部门、未成年人检察工作部门要依照《救助细则》和《未成年人救助意见》等相关规定，认真开展对未成年人的救助工作，两部门要注意加强沟通联系和协作配合，保障救助措施尽快落实到位。

关于对外衔接方面，各级检察机关要大力争取政府相关部门的支持，主动对接共青团、妇联等群团组织，引导社会组织尤其是未成年人保护组织、公益慈善组织、社会工作服务机构、志愿者队伍等社会力量，促进形成党委领导、政府支持、各有关方面积极参与的未成年人国家司法救助工作格局和工作机制，形成对未成年人的立体式、全方位救助体系。

需要注意的是，《未成年人救助意见》还提出，要坚持政府主导、社会广泛参与的救助资金筹措方式，不断加大救助资金筹措力度，拓宽救助资金来源渠道，积极鼓励爱心企业、爱心人士捐助救助资金，对捐助资金，应当向捐助人反馈救助的具体对象，确保资金使用的透明度和公正性。

## 四、关于未成年人国家司法救助工作展望

各级检察机关贯彻执行《未成年人救助意见》、加强未成年人国家司法救助工作，要重点从以下几个方面入手：

第一，提高思想认识，认真总结经验。开展未成年人国家司法救助工作，加强对未成年人的司法保护，最大限度保护未成年人合法权益，关乎未成年人的健康成长，关乎万千家庭的幸福安宁，关乎社会的和谐稳定和国家民族的未

来，是检察机关义不容辞的重要职责。各级检察机关要不断深化对未成年人国家司法救助工作重要性的认识，切实增强责任感和自觉性，对照《未成年人救助意见》的规定和要求，全面排查问题，认真总结经验，精心谋划，改进工作，补齐短板，确保每一名符合条件的未成年人都能够及时获得帮扶救助。

第二，树立正确理念，及时有效救助。未成年人处于身心发育的过渡时期，需要给予特别关心爱护和引导帮助，检察机关应当采取有别于成年人的特殊救助政策、特殊救助制度、特殊救助理念和特殊救助方式。要坚持具体情况具体分析、严格区别对待的原则，准确了解未成年人面临的具体困难，做到因人而异、因案施策，积极运用多元化救助方式，持续跟进救济帮教措施，保证和提升救助效果。要进一步提高救助工作效率，快受理、快审查、快报批、快落实，尽快帮助未成年人脱离困境。刑事申诉检察部门和未成年人检察工作部门要建立联席会议工作机制，共同研究解决突出问题，制定完善相关措施，合力推动未成年人国家司法救助工作深入发展。

第三，抓住有利契机，推动形成规模。2018 年，最高人民检察院部署开展了国家司法救助工作专项推进活动，各地检察机关要紧紧抓住有利契机，在抓整体救助工作深入推进的过程中，切实突出未成年人保护重点，畅通和拓宽救助渠道，积极主动开展未成年人国家司法救助工作，全面实现救助工作精细化、救助对象精准化、救助效果最优化的目标。

第四，加强组织领导，改进宣传工作。各级检察机关要以高度的政治责任感，将未成年人国家司法救助工作摆上重要位置，列入议事日程，精心组织、周密部署、抓好落实，努力形成各相关部门分工明确、衔接有序、紧密配合、协同推进的工作格局，推进未成年人国家司法救助工作发展。上级检察机关要切实履行好组织指导职责，加强对下级检察机关开展救助工作的督导，深入基层、深入实际开展调查研究，全面掌握救助工作进展情况，及时解决问题，总结推广经验，推进工作创新，着力提升本地区未成年人国家司法救助工作水平。要提升宣传工作水平，拓宽宣传渠道，丰富宣传内容，创新宣传形式，突出宣传重点，展示典型案例和积极成效，充分发挥示范引领作用，努力创造全社会关注、关心和关爱未成年人国家司法救助工作的良好氛围。

# 最高人民法院指导案例70号：北京阳光一佰生物技术开发有限公司、习文有等生产、销售有毒、有害食品案

（最高人民法院审判委员会讨论通过2016年12月28日发布）

**关键词** 刑事/生产、销售有毒、有害食品罪/有毒有害的非食品原料

**裁判要点**

行为人在食品生产经营中添加的虽然不是国务院有关部门公布的《食品中可能违法添加的非食用物质名单》和《保健食品中可能非法添加的物质名单》中的物质，但如果该物质与上述名单中所列物质具有同等属性，并且根据检验报告和专家意见等相关材料能够确定该物质对人体具有同等危害的，应当认定为《中华人民共和国刑法》第一百四十四条规定的“有毒、有害的非食品原料”。

**相关法条**

《中华人民共和国刑法》第144条

**基本案情**

被告人习文有于2001年注册成立了北京阳光一佰生物技术开发有限公司（以下简称阳光一佰公司），系公司的实际生产经营负责人。2010年以来，被告单位阳光一佰公司从被告人谭国民处以600元/公斤的价格购进生产保健食品的原料，该原料系被告人谭国民从被告人尹立新处以2500元/公斤的价格购进后进行加工，阳光一佰公司购进原料后加工制作成用于辅助降血糖的保健食品阳光一佰牌山芪参胶囊，以每盒100元左右的价格销售至扬州市广陵区金福海保健品店及全国多个地区。被告人杨立峰具体负责生产，被告人钟立檬、王

海龙负责销售。2012 年 5 月至 9 月，销往上海、湖南、北京等地的山芪参胶囊分别被检测出含有盐酸丁二胍，食品药品监督管理部门将检测结果告知阳光一佰公司及习文有。被告人习文有在得知检测结果后随即告知被告人谭国民、尹立新，被告人习文有明知其所生产、销售的保健品中含有盐酸丁二胍后，仍然继续向被告人谭国民、尹立新购买原料，组织杨立峰、钟立檬、王海龙等人生产山芪参胶囊并销售。被告人谭国民、尹立新在得知检测结果后继续向被告人习文有销售该原料。

盐酸丁二胍是丁二胍的盐酸盐。目前盐酸丁二胍未获得国务院药品监督管理部门批准生产或进口，不得作为药物在我国生产、销售和使用。扬州大学医学院葛晓群教授出具的专家意见和南京医科大学司法鉴定所的鉴定意见证明：盐酸丁二胍具有降低血糖的作用，很早就撤出我国市场，长期使用添加盐酸丁二胍的保健食品可能对机体产生不良影响，甚至危及生命。

从 2012 年 8 月底至 2013 年 1 月案发，阳光一佰公司生产、销售金额达 800 余万元。其中，习文有、尹立新、谭国民参与生产、销售的含有盐酸丁二胍的山芪参胶囊金金额达 800 余万元；杨立峰参与生产的含有盐酸丁二胍的山芪参胶囊金额达 800 余万元；钟立檬、王海龙参与销售的含有盐酸丁二胍的山芪参胶囊金额达 40 余万元。尹立新、谭国民与阳光一佰公司共同故意实施犯罪，系共同犯罪，尹立新、谭国民系提供有毒、有害原料用于生产、销售有毒、有害食品的帮助犯，其在共同犯罪中均系从犯。习文有与杨立峰、钟立檬、王海龙共同故意实施犯罪，系共同犯罪，杨立峰、钟立檬、王海龙系受习文有指使实施生产、销售有毒、有害食品的犯罪行为，均系从犯。习文有在共同犯罪中起主要作用，系主犯。杨立峰、谭国民犯罪后主动投案，并如实供述犯罪事实，系自首，当庭自愿认罪。习文有、尹立新、王海龙归案后如实供述犯罪事实，当庭自愿认罪。钟立檬归案后如实供述部分犯罪事实，当庭对部分犯罪事实自愿认罪。

**裁判结果**

江苏省扬州市广陵区人民法院于 2014 年 1 月 10 日作出（2013）扬广刑初字第 0330 号刑事判决：被告单位北京阳光一佰生物技术开发有限公司犯生产、销售有毒、有害食品罪，判处罚金人民币一千五百万元；被告人习文有犯生产、销售有毒、有害食品罪，判处有期徒刑十五年，剥夺政治权利三年，并处罚金人民币九百万元；被告人尹立新犯生产、销售有毒、有害食品罪，判处有期徒刑十二年，剥夺政治权利二年，并处罚金人民币一百万元；被告人谭国民犯生产、销售有毒、有害食品罪，判处有期徒刑十一年，剥夺政治权利二年，并处罚金人民币一百万元；被告人杨立峰犯生产有毒、有害食品罪，判处有期徒刑五年，并处罚金人民币十万元；被告人钟立檬犯销售有毒、有害食品罪，判处有期徒刑四年，并处罚金人民币八万元；被告人王海龙犯销售有毒、有害食品罪，判处有期徒刑三年六个月，并处罚金人民币六万元；继续向被告单位北京阳光一佰生物技术开发有限公司追缴违法所得人民币八百万元，向被告人尹立新追缴违法所得人民币六十七万一千五百元，向被告人谭国民追缴违法所得人民币一百三十二万元；扣押的含有盐酸丁二胍的山芪参胶囊、颗粒，予以没收。宣判后，被告单位和各被告人均提出上诉。江苏省扬州市中级人民法院于2014年6月13日作出（2014）扬刑二终字第0032号刑事裁定：驳回上诉、维持原判。

**裁判理由**

法院生效裁判认为：刑法第一百四十四条规定，“在生产、销售的食品中掺入有毒、有害的非食品原料的，或者销售明知掺有有毒、有害的非食品原料的食品的，处五年以下有期徒刑，并处罚金；对人体健康造成严重危害或者有其他严重情节的，处五年以上十年以下有期徒刑，并处罚金；致人死亡或者有其他特别严重情节的，依照本法第一百四十一条的规定处罚。”最高人民法院、最高人民检察院《关于办理危害食品安全刑事案件适用法律若干问题的解释》（以下简称《解释》）第二十条规定，“下列物质应当认定为‘有毒、有害的非食品原料’：（一）法律、法规禁止在食品生产经营活动中添加、使用的物质；（二）国务院有关部门公布的《食品中可能违法添加的非食用物质名单》《保健食品中可能非法添加的物质名单》上的物质；（三）国务院有关部门公告禁止使用的农药、兽药以及其他有毒、有害物质；（四）其他危害人体健康的物质。”第二十一条规定，“‘足以造成严重食物中毒事故或者其他严重食源性疾病’‘有毒、有害非食品原料’难以确定的，司法机关可以根据检验报告并结合专家意见等相关材料进行认定。必要时，人民法院可以依法通知有关专家出庭作出说明。”本案中，盐酸丁二胍系在我国未获得药品监督管理部门批准生产或进口，不得作为药品在我国生产、销售和使用的化学物质；其亦非食品添加剂。盐酸丁二胍也不属于上述《解释》第二十条第二、第三项规定的物质。根据扬州大学医学院葛晓群教授出具的专家意见和南京医科大学司法鉴定所的鉴定意见证明，盐酸丁二胍与《解释》第二十条第二项《保健食品中可能非法添加的物质名单》中的其他降糖类西药（盐酸二甲双胍、盐酸苯乙双胍）具有同等属性和同等危害。长期服用添加有盐酸丁二胍的“阳光一佰牌山芪参胶囊”有对人体产生毒副作用的风险，影响人体健康、甚至危害生命。因此，对盐酸丁二胍应当依照《解释》第二十条第四项、第二十一条的规定，认定为刑法第一百四十四条规定的“有毒、有害的非食品原料”。

被告单位阳光一佰公司、被告人习文有作为阳光一佰公司生产、销售山芪参胶囊的直接负责的主管人员，被告人杨立峰、钟立檬、王海龙作为阳光一佰公司生产、销售山芪参胶囊的直接责任人员，明知阳光一佰公司生产、销售的保健食品山芪参胶囊中含有国家禁止添加的盐酸丁二胍成分，仍然进行生产、销售；被告人尹立新、谭国民明知其提供的含有国家禁止添加的盐酸丁二胍的原料被被告人习文有用于生产保健食品山芪参胶囊并进行销售，仍然向习文有提供该种原料，因此，上述单位和被告人均依法构成生产、销售有毒、有害食品罪。其中，被告单位阳光一佰公司、被告人习文有、尹立新、谭国民的行为构成生产、销售有毒、有害食品罪。被告人杨立峰的行为构成生产有毒、有害食品罪；被告人钟立檬、王海龙的行为均已构成销售有毒、有害食品罪。根据被告单位及各被告人犯罪情节、犯罪数额，综合考虑各被告人在共同犯罪的地位作用、自首、认罪态度等量刑情节，作出如上判决。

（生效裁判审判人员：汤咏梅、陈圣勇、汤军琪）

# 指导案例70号《北京阳光一佰生物技术开发有限公司、习文有等生产、销售有毒、有害食品案》的理解与参照

## ——刑法第一百四十四条规定的“有毒、有害的非食品原料”的认定

最高人民法院案例指导工作办公室

2016年12月28日，最高人民法院发布了指导案例70号《北京阳光一佰生物技术开发有限公司、习文有等生产、销售有毒、有害食品案》。为了深入理解和准确参照适用该指导性案例，现对该指导性案例的推选经过、裁判要点等有关情况予以解释和说明。

### 一、推选经过及其意义

2015年11月10日，江苏省高级人民法院审判委员会讨论决定，将《北京阳光一佰生物技术开发有限公司、习文有等生产、销售有毒、有害食品案本案》作为备选指导性案例向最高人民法院案例指导工作办公室推荐。最高人民法院案例指导工作办公室将该案例送最高人民法院研究室刑事处和刑一庭、刑二庭征求了意见。2016年12月13日，最高人民法院审判委员会对该案例进行讨论，同意将其确定为指导性案例。同年12月28日，最高人民法院以法［2016］449号文件将该案例作为第十五批指导性案例予以发布。

该指导性案例的发布，对司法实践中准确认定生产、销售有毒有害食品犯罪行为，特别是对于在食品中添加最高人民法院和最高人民检察院《关于办

理危害食品安全刑事案件适用法律若干问题的解释》（以下简称危害食品安全司法解释）列明物质以外的其他物质，能否认定为刑法第一百四十四条规定的“有毒、有害的非食品原料”，以及如何判定该物质是否属于有毒有害物质的方法等问题，给予了进一步明确。有利于统一裁判标准，防止不当扩大对相关行为的入刑标准，又不放纵在食品中非法添加有毒有害物质的行为，提高司法打击食品安全犯罪的“精准度”。对于正确理解和适用刑法第一百四十四条，依法从严惩处生产、销售有毒有害食品犯罪，遏制食品安全领域的违法犯罪活动，具有重要指导意义。

## 二、裁判要点的理解与说明

该指导案例的裁判要点确认：行为人在食品生产经营中添加的虽然不是国务院有关部门公布的《食品中可能违法添加的非食用物质名单》和《保健食品中可能非法添加的物质名单》中的物质，但如果该物质与上述名单中所列物质具有同等属性，并且根据检验报告和专家意见等相关材料能够确定该物质对人体具有同等危害的，应当认定为《中华人民共和国刑法》第一百四十四条规定的“有毒、有害的非食品原料”。理解该裁判要点时，应当注意把握如下几个方面：

### （一）对“有毒有害非食品原料”的直接认定

刑法第一百四十四条规定，“在生产、销售的食品中掺入有毒、有害的非食品原料的，或者销售明知掺有有毒、有害的非食品原料的食品的，处五年以下有期徒刑，并处罚金；对人体健康造成严重危害或者有其他严重情节的，处五年以上十年以下有期徒刑，并处罚金；致人死亡或者有其他特别严重情节的，依照本法第一百四十一条的规定处罚。”根据上述规定，生产、销售有毒有害食品罪是指生产者、销售者故意在生产、销售的食品中掺入有毒有害的非食品原料或者销售明知是掺有有毒有害的非食品原料的行为。由此可见，构成本罪必须是在食品中掺入非食品原料，而且该非食品原料应当具有毒害性。

所谓“有毒、有害的非食品原料”，是指不能作为原料制作成食品，对人体具有生理毒性，食用后会引起不良反应、损害肌体健康，甚至危及生命的物质。《中华人民共和国食品安全法》第三十四条第（一）项规定，禁止生产经营“用非食品原料生产的食品或者添加食品添加剂以外的化学物质和其他可能危害人体健康物质的食品，或者用回收食品作为原料生产的食品”。第三十八条规定，“生产经营的食品中不得添加药品，但是可以添加按照传统既是食品又是中药材的物质。根据食品安全法的上述规定，除了食品原料本身和国家允许添加的食品添加剂以外，生产、加工食品的过程中不得掺入其他物质。”第五十条规定，食品生产者“不得采购或者使用不符合食品安全标准的食品原料、食品添加剂、食品相关产品。”法条中尽管用了“禁止”“不得”的表述，但这些物质并不都属于刑法第一百四十四条所规定的“有毒、有害的非食品原料”。对于何种物质应当认定属于“有毒、有害的非食品原料”，一旦掺入食品中，即有可能构成本罪呢？危害食品安全司法解释第二十条规定，“下列物质应当认定为‘有毒有害的非食品原料’：（一）法律、法规禁止在食品生产经营活动中添加、使用的物质；（二）国务院有关部门公布的《食品中可能违法添加的非食用物质名单》《保健食品中可能非法添加的物质名单》上的物质；（三）国务院有关部门公告禁止使用的农药、兽药以及其他有毒、有害物质；（四）其他危害人体健康的物质。”司法解释中提及的《食品中可能违法添加的非食用物质名单》，是全国打击违法添加非食用物质和滥用食品添加剂专项整治领导小组自2008年以来陆续发布的，目前在国家卫生和计划生育委员会官方网站上能够查询到一共有6批该类物质名单。《保健食品中可能非法添加的物质名单》是国家食药局2012年发布的，有六大类物质，目前在国家食品药品监督管理局官方网站上能够查询到公布的第一批名单。2002年，当时的卫生部还公布了一份《保健食品禁用物质名单》，主要针对一些中药材。对于上述名单所列明的物质，依据司法解释的规定无需进行专门司法鉴定，只要确认行为人在食品生产、销售过程中掺入了这几类物质，即可直接认定为刑法第一百四十四条规定的“有毒、有害的非食品原料”。

### （二）对危害食品安全司法解释明列范围之外有毒有害非食品原料的认定

由于实践中在生产、销售的食品中掺入有毒有害物质的情况纷繁复杂，犯罪分子实施危害食品安全犯罪的手段、方法层出不穷。因此尽管危害食品安全司法解释第二十条对此类问题努力作出了回应，但囿于实践情况的复杂性，司法解释不可能对所有有毒有害物质一一列明，这导致司法实践中对司法解释列明范围之外某种非食品原料是否属于有毒有害物质性质的判定以及证明标准等问题，往往存在分歧意见，影响了司法机关对危害食品安全行为的准确定罪量刑，不利于稳准狠地打击这类危害广大人民群众健康和生命安全的犯罪。本案例就属于这种情形，即被告在生产、销售的保健食品阳光一佰牌山芪参胶囊中掺入了盐酸丁二胍，而盐酸丁二胍并不在上述禁用物质名单之列。对于盐酸丁二胍能否认定属于刑法第一百四十四条所规定的“有毒、有害的非食品原料”，以及具体认定的方法、证明标准等方面，司法实践中认识不甚明确。

围绕本案例的讨论中主要有两种意见。第一种意见认为，对盐酸丁二胍应当认定属于危害食品安全司法解释第二十条第（一）项规定的情形，即生产、销售食品中掺入了“法律、法规禁止在食品生产经营活动中添加、使用的物质”，因此可以依照该规定，直接认定被告构成生产、销售有毒有害食品罪，而无需作司法鉴定证明其毒害性质。持该意见的同志具体又分两种不同观点：一种观点认为盐酸丁二胍本身性质上属于药品，是一种降糖西药，《中华人民共和国食品安全法》第五十条规定生产经营的食品中不得添加药品。因此，可以依据食品安全法该条禁止性规定，认定被告行为符合危害食品安全司法解释第二十条第（一）项规定的情形，对盐酸丁二胍无需再作司法鉴定，直接认定被告构成生产、销售有毒有害食品罪。第二种观点认为，鉴于食品安全法第三十四条“禁止生产经营下列食品、食品添加剂、食品相关产品”的第（一）项，规定了禁止“用非食品原料生产的食品或者添加食品添加剂以外的化学物质和其他可能危害人体健康物质的食品，或者用回收食品作为原料生产的食品”，那么本案例中添加盐酸丁二胍的行为，即使不认定其属于“药品”，因其作为一种非食品或者非食品添加剂类的化学物质，亦符合司法解释第二十条第（一）项，因此同样可以直接认定为“有毒、有害的非食品原料”，也不需要进一步查证其是否属于有毒、有害物质。

第二种意见认为，对盐酸丁二胍应当依照危害食品安全司法解释第二十条第（四）项兜底条款，即“其他危害人体健康的物质”来认定。理由如下：(1) 法院经过查证，盐酸丁二胍虽然具有一定降血糖的作用，但因其毒副作用较大，在我国未获得药品监督管理部门批准生产或进口，不得作为药品在我国生产、销售和使用。所以，目前在我国不宜认定盐酸丁二胍性质上属于“药品”，而只能定性为一种“化学物质”。(2) 经征求危害食品安全司法解释起草同志的意见，他们认为，该解释第二十条第（一）项规定的立法本意，特指的是掺入法律、法规明令禁止添加、使用的某种具体物质的情形，比如掺入鸦片等；并非所有食品安全法第三十四条所规定的诸种物质都可以直接判定其属于刑法第一百四十四条规定的有毒有害物质，而只有通过证据证明所添加该物质本身是有毒、有害时，才能认定其属于刑法第一百四十四条规定的“有毒、有害的非食品原料”。（3）危害食品安全司法解释第二十一条规定，“有毒有害非食品原料”难以确定的，司法机关可以根据检验报告并结合专家意见等相关材料进行认定。必要时，人民法院可以依法通知有关专家出庭说明。依据上述规定，本案例中，法院根据有关专家的证言和司法鉴定意见证实，盐酸丁二胍是对人体有毒有害的物质，主要会造成人体乳酸性酸中毒，长期使用添加盐酸丁二胍的保健食品可能对机体产生不良影响，甚至危及生命。同时考虑到在《保健食品中可能非法添加的物质名单》中列明有盐酸二甲双胍、盐酸苯乙双胍两种物质，这两种物质被列明禁止在保健食品中添加。盐酸丁二胍与它们具有同等属性，对人体亦具有同等危害。因此，认定盐酸丁二胍属于“有毒有害的非食品原料”，并依据刑法第一百四十四条对被告人追究了刑事责任。

本案例经过广泛征求意见，并提交最高人民法院审判委员会讨论，认可了案例中对这类不在司法解释中明列物质如何判定其为有毒有害物质的方法和证明标准，并确立如下了裁判规则，即行为人在食品生产经营中添加的虽然不是国务院有关部门公布的《食品中可能违法添加的非食用物质名单》和《保健食品中可能非法添加的物质名单》中的物质，但如果该物质与上述名单中所列物质具有同等属性，并且根据检验报告和专家意见等相关材料能够确定该物质对人体具有同等危害的，应当认定为《中华人民共和国刑法》第一百四十四条规定的“有毒、有害的非食品原料”。

## 三、认定“有毒、有害的非食品原料”需要注意的问题

实践中要注意把握生产、销售有毒、有害食品罪与生产、销售不符合卫生标准的食品罪两者之间的界限。两罪在犯罪客体、主体和主观方面具有相同或者相似之处。广义上来说，掺入有毒有害的非食品原料的食品本身也是一种不符合卫生标准的食品。但生产、销售有毒、有害食品罪与生产、销售不符合卫生标准的食品罪的主要区别在于：（1）犯罪的对象不同。生产、销售有毒、有害食品罪的犯罪对象是含有有毒、有害物质，可能对消费者即不特定多数人

的生命、健康权利造成不利影响的食品，食品中掺入的是有毒有害的非食品原料；而生产、销售不符合卫生标准的食品罪的犯罪对象则要广泛得多，主要是不符合卫生标准的食品，如用腐败变质、油脂酸败、霉变生虫、污秽不洁、混有异物、掺假掺杂或者感官性状异常的食品原料生产加工的食品，用病死、死因不明或者未经检验检疫的禽、畜、兽、水产动物制作的肉类及其制品等。（2）犯罪客观方面的行为不同。生产、销售有毒、有害食品罪在客观方面表现对在生产、销售的食品掺入有毒、有害的非食品原料或者销售明知掺有有毒、有害的非食品原料的食品的行为；生产、销售不符合卫生标准的食品的客观方面表现为食品中掺杂、掺假，以假充真，以次充好或者以不合格食品冒充合格食品的行为。（3）生产、销售有毒、有害食品罪是行为犯罪，不要求必须有实害结果的发生；生产、销售不符合卫生标准的食品罪是危险犯罪，只要出现法定的危险状态，就构成该犯罪的既遂。

（执笔人：江苏省扬州市中级人民法院　李益松、汤咏梅
最高人民法院案例指导工作办公室　李兵）

**指导案例70号**　北京阳光一佰生物技术开发有限公司、习文有等生产、销售有毒、有害食品案

最高人民法院编选人：李兵

1. 案例推荐单位：江苏省高级人民法院

2. 案例编写人（1－3人）：汤咏梅、周庆琳、孙烁犇

3. 案件裁判法院：江苏省扬州市广陵区人民法院（一审）、江苏省扬州市中级人民法院（二审）

4. 案件承办人：袁伟（一审）、汤咏梅（二审）

相关规定：

1.《中华人民共和国刑法》

第一百四十四条　在生产、销售的食品中掺入有毒、有害的非食品原料的，或者销售明知掺有有毒、有害的非食品原料的食品的，处五年以下有期徒刑，并处罚金；对人体健康造成严重危害或者有其他严重情节的，处五年以上十年以下有期徒刑，并处罚金；致人死亡或者有其他特别严重情节的，依照本

法第一百四十一条的规定处罚。

第一百四十一条第一款　生产、销售假药的，处三年以下有期徒刑或者拘役，并处罚金；对人体健康造成严重危害或者有其他严重情节的，处三年以上十年以下有期徒刑，并处罚金；致人死亡或者有其他特别严重情节的，处十年以上有期徒刑、无期徒刑或者死刑，并处罚金或者没收财产。

2.《中华人民共和国食品安全法》（2015 年 10 月 1 日起施行）

第三十四条　禁止生产经营下列食品、食品添加剂、食品相关产品：

（一）用非食品原料生产的食品或者添加食品添加剂以外的化学物质和其他可能危害人体健康物质的食品，或者用回收食品作为原料生产的食品；

（二）致病性微生物，农药残留、兽药残留、生物毒素、重金属等污染物质以及其他危害人体健康的物质含量超过食品安全标准限量的食品、食品添加剂、食品相关产品；

（三）用超过保质期的食品原料、食品添加剂生产的食品、食品添加剂；

（四）超范围、超限量使用食品添加剂的食品；

（五）营养成分不符合食品安全标准的专供婴幼儿和其他特定人群的主辅食品；

（六）腐败变质、油脂酸败、霉变生虫、污秽不洁、混有异物、掺假掺杂或者感官性状异常的食品、食品添加剂；

（七）病死、毒死或者死因不明的禽、畜、兽、水产动物肉类及其制品；

（八）未按规定进行检疫或者检疫不合格的肉类，或者未经检验或者检验不合格的肉类制品；

（九）被包装材料、容器、运输工具等污染的食品、食品添加剂；

（十）标注虚假生产日期、保质期或者超过保质期的食品、食品添加剂；

（十一）无标签的预包装食品、食品添加剂；

（十二）国家为防病等特殊需要明令禁止生产经营的食品；

（十三）其他不符合法律、法规或者食品安全标准的食品、食品添加剂、食品相关产品。

最高人民法院、最高人民检察院《关于办理危害食品安全刑事案件适用法律若干问题的解释》（法释〔2013〕12 号）

第六条　生产、销售有毒、有害食品，具有下列情形之一的，应当认定为

刑法第一百四十四条规定的“其他严重情节”:

(一)生产、销售金额二十万元以上不满五十万元的;

(二)生产、销售金额十万元以上不满二十万元,有毒、有害食品的数量较大或者生产、销售持续时间较长的;

(三)生产、销售金额十万元以上不满二十万元,属于婴幼儿食品的;

(四)生产、销售金额十万元以上不满二十万元,一年内曾因危害食品安全违法犯罪活动受过行政处罚或者刑事处罚的;

(五)有毒、有害的非食品原料毒害性强或者含量高的;

(六)其他情节严重的情形。

第七条 生产、销售有毒、有害食品,生产、销售金额五十万元以上,或者具有本解释第四条规定的情形之一的,应当认定为刑法第一百四十四条规定的“致人死亡或者有其他特别严重情节”。

第九条 在食品加工、销售、运输、贮存等过程中,掺入有毒、有害的非食品原料,或者使用有毒、有害的非食品原料加工食品的,依照刑法第一百四十四条的规定以生产、销售有毒、有害食品罪定罪处罚。

在食用农产品种植、养殖、销售、运输、贮存等过程中,使用禁用农药、兽药等禁用物质或者其他有毒、有害物质的,适用前款的规定定罪处罚。

在保健食品或者其他食品中非法添加国家禁用药物等有毒、有害物质的,适用第一款的规定定罪处罚。

第十四条 明知他人生产、销售不符合食品安全标准的食品,有毒、有害食品,具有下列情形之一的,以生产、销售不符合安全标准的食品罪或者生产、销售有毒、有害食品罪的共犯论处:

(一)提供资金、贷款、账号、发票、证明、许可证件的;

(二)提供生产、经营场所或者运输、贮存、保管、邮寄、网络销售渠道等便利条件的;

(三)提供生产技术或者食品原料、食品添加剂、食品相关产品的;

(四)提供广告等宣传的。

第十七条 犯生产、销售不符合安全标准的食品罪,生产、销售有毒、有害食品罪,一般应当依法判处生产、销售金额二倍以上的罚金。

第二十条 下列物质应当认定为“有毒、有害的非食品原料”:

（一）法律、法规禁止在食品生产经营活动中添加、使用的物质；

（二）国务院有关部门公布的《食品中可能违法添加的非食用物质名单》《保健食品中可能非法添加的物质名单》上的物质；

（三）国务院有关部门公告禁止使用的农药、兽药以及其他有毒、有害物质；

（四）其他危害人体健康的物质。

第二十一条　“足以造成严重食物中毒事故或者其他严重食源性疾病”“有毒、有害非食品原料”难以确定的，司法机关可以根据检验报告并结合专家意见等相关材料进行认定。必要时，人民法院可以依法通知有关专家出庭作出说明。

最高人民法院

# 关于人民法院立案、审判与执行工作协调运行的意见

2018 年 5 月 28 日　　　　法发〔2018〕9 号

为了进一步明确人民法院内部分工协作的工作职责，促进立案、审判与执行工作的顺利衔接和高效运行，保障当事人及时实现合法权益，根据《中华人民共和国民事诉讼法》《中华人民共和国刑事诉讼法》《中华人民共和国行政诉讼法》等有关法律规定，制定本意见。

## 一、立案工作

1. 立案部门在收取起诉材料时，应当发放诉讼风险提示书，告知当事人诉讼风险，就申请财产保全作必要的说明，告知当事人申请财产保全的具体流程、担保方式及风险承担等信息，引导当事人及时向人民法院申请保全。

立案部门在收取申请执行材料时，应发放执行风险提示书，告知申请执行人向人民法院提供财产线索的义务，以及无财产可供执行导致执行不能的风险。

2. 立案部门在立案时与执行机构共享信息，做好以下信息的采集工作：

（1）立案时间；

（2）当事人姓名、性别、民族、出生日期、身份证件号码；

（3）当事人名称、法定代表人或者主要负责人、统一社会信用代码或者组织机构代码；

（4）送达地址；

（5）保全信息；

（6）当事人电话及其他联系方式；

（7）其他应当采集的信息。

立案部门在立案时应充分采集原告或者申请执行人的前款信息，提示原告或者申请执行人尽可能提供被告或者被执行人的前款信息。

3. 在执行案件立案时，有字号的个体工商户为被执行人的，立案部门应当将生效法律文书注明的该字号个体工商户经营者一并列为被执行人。

4. 立案部门在对刑事裁判涉财产部分移送执行立案审查时，重点审查《移送执行表》载明的以下内容：

（1）被执行人、被害人的基本信息；

（2）已查明的财产状况或者财产线索；

（3）随案移送的财产和已经处置财产的情况；

（4）查封、扣押、冻结财产的情况；

（5）移送执行的时间；

（6）其他需要说明的情况。

《移送执行表》信息存在缺漏的，应要求刑事审判部门及时补充完整。

5. 立案部门在受理申请撤销仲裁裁决、执行异议之诉、变更追加执行当事人异议之诉、参与分配异议之诉、履行执行和解协议之诉等涉及执行的案件后，应提示当事人及时向执行法院或者本院执行机构告知有关情况。

6. 人民法院在判决生效后退还当事人预交但不应负担的诉讼费用时，不得以立执行案件的方式退还。

## 二、审判工作

7. 审判部门在审理案件时，应当核实立案部门在立案时采集的有关信息。信息发生变化或者记录不准确的，应当及时予以更正、补充。

8. 审判部门在审理确权诉讼时，应当查询所要确权的财产权属状况。需要确权的财产已经被人民法院查封、扣押、冻结的，应当裁定驳回起诉，并告知当事人可以依照民事诉讼法第二百二十七条的规定主张权利。

9. 审判部门在审理涉及交付特定物、恢复原状、排除妨碍等案件时，应当查明标的物的状态。特定标的物已经灭失或者不宜恢复原状、排除妨碍的，应告知当事人可申请变更诉讼请求。

10. 审判部门在审理再审裁定撤销原判决、裁定发回重审的案件时，应当注意审查诉讼标的物是否存在灭失或者发生变化致使原诉讼请求无法实现的情形。存在该情形的，应告知当事人可申请变更诉讼请求。

11. 法律文书主文应当明确具体：

（1）给付金钱的，应当明确数额。需要计算利息、违约金数额的，应当有明确的计算基数、标准、起止时间等；

（2）交付特定标的物的，应当明确特定物的名称、数量、具体特征等特定信息，以及交付时间、方式等；

（3）确定继承的，应当明确遗产的名称、数量、数额等；

（4）离婚案件分割财产的，应当明确财产名称、数量、数额等；

（5）继续履行合同的，应当明确当事人继续履行合同的内容、方式等；

（6）排除妨碍、恢复原状的，应当明确排除妨碍、恢复原状的标准、时间等；

（7）停止侵害的，应当明确停止侵害行为的具体方式，以及被侵害权利的具体内容或者范围等；

（8）确定子女探视权的，应当明确探视的方式、具体时间和地点，以及交接办法等；

（9）当事人之间互负给付义务的，应当明确履行顺序。

对前款规定中财产数量较多的，可以在法律文书后另附清单。

12. 审判部门在民事调解中，应当审查双方意思的真实性、合法性，注重调解书的可执行性。能即时履行的，应要求当事人即时履行完毕。

13. 刑事裁判涉财产部分的裁判内容，应当明确、具体。涉案财物或者被害人人数较多，不宜在判决主文中详细列明的，可以概括叙明并另附清单。判处没收部分财产的，应当明确没收的具体财物或者金额。判处追缴或者责令退赔的，应当明确追缴或者退赔的金额或财物的名称、数量等有关情况。

## 三、执行工作

14. 执行标的物为特定物的，应当执行原物。原物已经毁损或者灭失的，经双方当事人同意，可以折价赔偿。双方对折价赔偿不能协商一致的，按照下列方法处理：

（1）原物毁损或者灭失发生在最后一次法庭辩论结束前的，执行机构应当告知当事人可通过审判监督程序救济；

（2）原物毁损或者灭失发生在最后一次法庭辩论结束后的，执行机构应当终结执行程序并告知申请执行人可另行起诉。

无法确定原物在最后一次法庭辩论结束前还是结束后毁损或者灭失的，按照前款第二项规定处理。

15. 执行机构发现本院作出的生效法律文书执行内容不明确的，应书面征询审判部门的意见。审判部门应在15日内作出书面答复或者裁定予以补正。审判部门未及时答复或者不予答复的，执行机构可层报院长督促审判部门答复。

执行内容不明确的生效法律文书是上级法院作出的，执行法院的执行机构应当层报上级法院执行机构，由上级法院执行机构向审判部门征询意见。审判部门应在15日内作出书面答复或者裁定予以补正。上级法院的审判部门未及时答复或者不予答复的，上级法院执行机构层报院长督促审判部门答复。

执行内容不明确的生效法律文书是其他法院作出的，执行法院的执行机构可以向作出生效法律文书的法院执行机构发函，由该法院执行机构向审判部门征询意见。审判部门应在15日内作出书面答复或者裁定予以补正。审判部门未及时答复或者不予答复的，作出生效法律文书的法院执行机构层报院长督促审判部门答复。

## 四、财产保全工作

16. 下列财产保全案件一般由立案部门编立“财保”字案号进行审查并作出裁定：

（1）利害关系人在提起诉讼或者申请仲裁前申请财产保全的案件；

（2）当事人在仲裁过程中通过仲裁机构向人民法院提交申请的财产保全案件；

（3）当事人在法律文书生效后进入执行程序前申请财产保全的案件。

当事人在诉讼中申请财产保全的案件，一般由负责审理案件的审判部门沿用诉讼案号进行审查并作出裁定。

当事人在上诉后二审法院立案受理前申请财产保全的案件，由一审法院审判部门审查并作出裁定。

17. 立案、审判部门作出的财产保全裁定，应当及时送交立案部门编立“执保”字案号的执行案件，立案后送交执行。

上级法院可以将财产保全裁定指定下级法院立案执行。

18. 财产保全案件的下列事项，由作出财产保全裁定的部门负责审查：

（1）驳回保全申请；

（2）准予撤回申请、按撤回申请处理；

（3）变更保全担保；

（4）续行保全、解除保全；

（5）准许被保全人根据《最高人民法院关于人民法院办理财产保全案件若干问题的规定》第二十条第一款规定申请自行处分被保全财产；

（6）首先采取查封、扣押、冻结措施的保全法院将被保全财产移送给在先轮候查封、扣押、冻结的执行法院；

（7）当事人或者利害关系人对财产保全裁定不服，申请复议；

（8）对保全内容或者措施需要处理的其他事项。

采取保全措施后，案件进入下一程序的，由有关程序对应的受理部门负责审查前款规定的事项。判决生效后申请执行前进行续行保全的，由作出该判决的审判部门作出续行保全裁定。

19. 实施保全的部门负责执行财产保全案件的下列事项：

（1）实施、续行、解除查封、扣押、冻结措施；

（2）监督被保全人根据《最高人民法院关于人民法院办理财产保全案件若干问题的规定》第二十条第一款规定自行处分被保全财产，并控制相应价款；

（3）其他需要实施的保全措施。

20. 保全措施实施后，实施保全的部门应当及时将财产保全情况通报作出财产保全裁定的部门，并将裁定、协助执行通知书副本等移送入卷。“执保”字案件单独立卷归档。

21. 保全财产不是诉讼争议标的物，案外人基于实体权利对保全裁定或者执行行为不服提出异议的，由负责审查案外人异议的部门根据民事诉讼法第二百二十七条的规定审查该异议。

## 五、机制运行

22. 各级人民法院可以根据本院机构设置，明确负责立案、审判、执行衔接工作的部门，制定和细化立案、审判、执行工作衔接的有关制度，并结合本院机构设置的特点，建立和完善本院立案、审判、执行工作衔接的长效机制。

23. 审判人员、审判辅助人员在立案、审判、执行等环节中，因故意或者重大过失致使立案、审判、执行工作脱节，导致生效法律文书难以执行的，应当依照有关规定，追究相应责任。

［部门规章］

# 公安机关办理刑事案件电子数据取证规则

（2019 年 1 月 2 日）

## 第一章　总　则

**第一条**　为规范公安机关办理刑事案件电子数据取证工作，确保电子数据取证质量，提高电子数据取证效率，根据《中华人民共和国刑事诉讼法》《公安机关办理刑事案件程序规定》等有关规定，制定本规则。

**第二条**　公安机关办理刑事案件应当遵守法定程序，遵循有关技术标准，全面、客观、及时地收集、提取涉案电子数据，确保电子数据的真实、完整。

**第三条**　电子数据取证包括但不限于：

（一）收集、提取电子数据；

（二）电子数据检查和侦查实验；

（三）电子数据检验与鉴定。

**第四条**　公安机关电子数据取证涉及国家秘密、警务工作秘密、商业秘密、个人隐私的，应当保密；对于获取的材料与案件无关的，应当及时退还或者销毁。

**第五条**　公安机关接受或者依法调取的其他国家机关在行政执法和查办案件过程中依法收集、提取的电子数据可以作为刑事案件的证据使用。

## 第二章　收集提取电子数据

### 第一节　一般规定

**第六条**　收集、提取电子数据，应当由二名以上侦查人员进行。必要时，可以指派或者聘请专业技术人员在侦查人员主持下进行收集、提取电子数据。

**第七条**　收集、提取电子数据，可以根据案情需要采取以下一种或者几种措施、方法：

（一）扣押、封存原始存储介质；

（二）现场提取电子数据；

（三）网络在线提取电子数据；

（四）冻结电子数据；

（五）调取电子数据。

**第八条**　具有下列情形之一的，可以采取打印、拍照或者录像等方式固定相关证据：

（一）无法扣押原始存储介质并且无法提取电子数据的；

（二）存在电子数据自毁功能或装置，需要及时固定相关证据的；

（三）需现场展示、查看相关电子数据的。

根据前款第二、三项的规定采取打印、拍照或者录像等方式固定相关证据后，能够扣押原始存储介质的，应当扣押原始存储介质；不能扣押原始存储介质但能够提取电子数据的，应当提取电子数据。

**第九条**　采取打印、拍照或者录像方式固定相关证据的，应当清晰反映电子数据的内容，并在相关笔录中注明采取打印、拍照或者录像等方式固定相关证据的原因，电子数据的存储位置、原始存储介质特征和所在位置等情况，由侦查人员、电子数据持有人（提供人）签名或者盖章；电子数据持有人（提供人）无法签名或者拒绝签名的，应当在笔录中注明，由见证人签名或者盖章。

### 第二节　扣押、封存原始存储介质

**第十条**　在侦查活动中发现的可以证明犯罪嫌疑人有罪或者无罪、罪轻或者罪重的电子数据，能够扣押原始存储介质的，应当扣押、封存原始存储介质，并制作笔录，记录原始存储介质的封存状态。

勘验、检查与电子数据有关的犯罪现场时，应当按照有关规范处置相关设备，扣押、封存原始存储介质。

**第十一条** 对扣押的原始存储介质，应当按照以下要求封存：

（一）保证在不解除封存状态的情况下，无法使用或者启动被封存的原始存储介质，必要时，具备数据信息存储功能的电子设备和硬盘、存储卡等内部存储介质可以分别封存；

（二）封存前后应当拍摄被封存原始存储介质的照片。照片应当反映原始存储介质封存前后的状况，清晰反映封口或者张贴封条处的状况；必要时，照片还要清晰反映电子设备的内部存储介质细节；

（三）封存手机等具有无线通信功能的原始存储介质，应当采取信号屏蔽、信号阻断或者切断电源等措施。

**第十二条** 对扣押的原始存储介质，应当会同在场见证人和原始存储介质持有人（提供人）查点清楚，当场开列《扣押清单》一式三份，写明原始存储介质名称、编号、数量、特征及其来源等，由侦查人员、持有人（提供人）和见证人签名或者盖章，一份交给持有人（提供人），一份交给公安机关保管人员，一份附卷备查。

**第十三条** 对无法确定原始存储介质持有人（提供人）或者原始存储介质持有人（提供人）无法签名、盖章或者拒绝签名、盖章的，应当在有关笔录中注明，由见证人签名或者盖章。由于客观原因无法由符合条件的人员担任见证人的，应当在有关笔录中注明情况，并对扣押原始存储介质的过程全程录像。

**第十四条** 扣押原始存储介质，应当收集证人证言以及犯罪嫌疑人供述和辩解等与原始存储介质相关联的证据。

**第十五条** 扣押原始存储介质时，可以向相关人员了解、收集并在有关笔录中注明以下情况：

（一）原始存储介质及应用系统管理情况，网络拓扑与系统架构情况，是否由多人使用及管理，管理及使用人员的身份情况；

（二）原始存储介质及应用系统管理的用户名、密码情况；

（三）原始存储介质的数据备份情况，有无加密磁盘、容器，有无自毁功能，有无其他移动存储介质，是否进行过备份，备份数据的存储位置等情况；

（四）其他相关的内容。

## 第三节　现场提取电子数据

**第十六条**　具有下列无法扣押原始存储介质情形之一的，可以现场提取电子数据：

（一）原始存储介质不便封存的；

（二）提取计算机内存数据、网络传输数据等不是存储在存储介质上的电子数据的；

（三）案件情况紧急，不立即提取电子数据可能会造成电子数据灭失或者其他严重后果的；

（四）关闭电子设备会导致重要信息系统停止服务的；

（五）需通过现场提取电子数据排查可疑存储介质的；

（六）正在运行的计算机信息系统功能或者应用程序关闭后，没有密码无法提取的；

（七）其他无法扣押原始存储介质的情形。

无法扣押原始存储介质的情形消失后，应当及时扣押、封存原始存储介质。

**第十七条**　现场提取电子数据可以采取以下措施保护相关电子设备：

（一）及时将犯罪嫌疑人或者其他相关人员与电子设备分离；

（二）在未确定是否易丢失数据的情况下，不能关闭正在运行状态的电子设备；

（三）对现场计算机信息系统可能被远程控制的，应当及时采取信号屏蔽、信号阻断、断开网络连接等措施；

（四）保护电源；

（五）有必要采取的其他保护措施。

**第十八条**　现场提取电子数据，应当遵守以下规定：

（一）不得将提取的数据存储在原始存储介质中；

（二）不得在目标系统中安装新的应用程序。如果因为特殊原因，需要在目标系统中安装新的应用程序的，应当在笔录中记录所安装的程序及目的；

（三）应当在有关笔录中详细、准确记录实施的操作。

**第十九条** 现场提取电子数据，应当制作《电子数据现场提取笔录》，注明电子数据的来源、事由和目的、对象、提取电子数据的时间、地点、方法、过程、不能扣押原始存储介质的原因、原始存储介质的存放地点，并附《电子数据提取固定清单》，注明类别、文件格式、完整性校验值等，由侦查人员、电子数据持有人（提供人）签名或者盖章；电子数据持有人（提供人）无法签名或者拒绝签名的，应当在笔录中注明，由见证人签名或者盖章。

**第二十条** 对提取的电子数据可以进行数据压缩，并在笔录中注明相应的方法和压缩后文件的完整性校验值。

**第二十一条** 由于客观原因无法由符合条件的人员担任见证人的，应当在《电子数据现场提取笔录》中注明情况，并全程录像，对录像文件应当计算完整性校验值并记入笔录。

**第二十二条** 对无法扣押的原始存储介质且无法一次性完成电子数据提取的，经登记、拍照或者录像后，可以封存后交其持有人（提供人）保管，并且开具《登记保存清单》一式两份，由侦查人员、持有人（提供人）和见证人签名或者盖章，一份交给持有人（提供人），另一份连同照片或者录像资料附卷备查。

持有人（提供人）应当妥善保管，不得转移、变卖、毁损，不得解除封存状态，不得未经办案部门批准接入网络，不得对其中可能用作证据的电子数据增加、删除、修改。必要时，应当保持计算机信息系统处于开机状态。

对登记保存的原始存储介质，应当在七日以内作出处理决定，逾期不作出处理决定的，视为自动解除。经查明确实与案件无关的，应当在三日以内解除。

### 第四节 网络在线提取电子数据

**第二十三条** 对公开发布的电子数据、境内远程计算机信息系统上的电子数据，可以通过网络在线提取。

**第二十四条** 网络在线提取应当计算电子数据的完整性校验值；必要时，可以提取有关电子签名认证证书、数字签名、注册信息等关联性信息。

**第二十五条** 网络在线提取时，对可能无法重复提取或者可能会出现变化的电子数据，应当采用录像、拍照、截获计算机屏幕内容等方式记录以下信息：

（一）远程计算机信息系统的访问方式；

（二）提取的日期和时间；

（三）提取使用的工具和方法；

（四）电子数据的网络地址、存储路径或者数据提取时的进入步骤等；

（五）计算完整性校验值的过程和结果。

**第二十六条** 网络在线提取电子数据应当在有关笔录中注明电子数据的来源、事由和目的、对象，提取电子数据的时间、地点、方法、过程，不能扣押原始存储介质的原因，并附《电子数据提取固定清单》，注明类别、文件格式、完整性校验值等，由侦查人员签名或者盖章。

**第二十七条** 网络在线提取时需要进一步查明下列情形之一的，应当对远程计算机信息系统进行网络远程勘验：

（一）需要分析、判断提取的电子数据范围的；

（二）需要展示或者描述电子数据内容或者状态的；

（三）需要在远程计算机信息系统中安装新的应用程序的；

（四）需要通过勘验行为让远程计算机信息系统生成新的除正常运行数据外电子数据的；

（五）需要收集远程计算机信息系统状态信息、系统架构、内部系统关系、文件目录结构、系统工作方式等电子数据相关信息的；

（六）其他网络在线提取时需要进一步查明有关情况的情形。

**第二十八条** 网络远程勘验由办理案件的县级公安机关负责。上级公安机关对下级公安机关刑事案件网络远程勘验提供技术支援。对于案情重大、现场复杂的案件，上级公安机关认为有必要时，可以直接组织指挥网络远程勘验。

**第二十九条** 网络远程勘验应当统一指挥，周密组织，明确分工，落实责任。

**第三十条** 网络远程勘验应当由符合条件的人员作为见证人。由于客观原因无法由符合条件的人员担任见证人的，应当在《远程勘验笔录》中注明情况，并按照本规则第二十五条的规定录像，录像可以采用屏幕录像或者录像机录像等方式，录像文件应当计算完整性校验值并记入笔录。

**第三十一条** 远程勘验结束后，应当及时制作《远程勘验笔录》，详细记录远程勘验有关情况以及勘验照片、截获的屏幕截图等内容。由侦查人员和见证人签名或者盖章。

远程勘验并且提取电子数据的，应当按照本规则第二十六条的规定，在《远程勘验笔录》注明有关情况，并附《电子数据提取固定清单》。

**第三十二条** 《远程勘验笔录》应当客观、全面、详细、准确、规范，能够作为还原远程计算机信息系统原始情况的依据，符合法定的证据要求。

对计算机信息系统进行多次远程勘验的，在制作首次《远程勘验笔录》后，逐次制作补充《远程勘验笔录》。

**第三十三条** 网络在线提取或者网络远程勘验时，应当使用电子数据持有人、网络服务提供者提供的用户名、密码等远程计算机信息系统访问权限。

采用技术侦查措施收集电子数据的，应当严格依照有关规定办理批准手续。收集的电子数据在诉讼中作为证据使用时，应当依照刑事诉讼法第一百五十四条规定执行。

**第三十四条** 对以下犯罪案件，网络在线提取、远程勘验过程应当全程同步录像：

（一）严重危害国家安全、公共安全的案件；

（二）电子数据是罪与非罪、是否判处无期徒刑、死刑等定罪量刑关键证据的案件；

（三）社会影响较大的案件；

（四）犯罪嫌疑人可能被判处五年有期徒刑以上刑罚的案件；

（五）其他需要全程同步录像的重大案件。

**第三十五条** 网络在线提取、远程勘验使用代理服务器、点对点传输软件、下载加速软件等网络工具的，应当在《网络在线提取笔录》或者《远程勘验笔录》中注明采用的相关软件名称和版本号。

### 第五节 冻结电子数据

**第三十六条** 具有下列情形之一的，可以对电子数据进行冻结：

（一）数据量大，无法或者不便提取的；

（二）提取时间长，可能造成电子数据被篡改或者灭失的；

（三）通过网络应用可以更为直观地展示电子数据的；

（四）其他需要冻结的情形。

**第三十七条** 冻结电子数据，应当经县级以上公安机关负责人批准，制作《协助冻结电子数据通知书》，注明冻结电子数据的网络应用账号等信息，送交电子数据持有人、网络服务提供者或者有关部门协助办理。

**第三十八条** 不需要继续冻结电子数据时，应当经县级以上公安机关负责人批准，在三日以内制作《解除冻结电子数据通知书》，通知电子数据持有人、网络服务提供者或者有关部门执行。

**第三十九条** 冻结电子数据的期限为六个月。有特殊原因需要延长期限的，公安机关应当在冻结期限届满前办理继续冻结手续。每次续冻期限最长不得超过六个月。继续冻结的，应当按照本规则第三十七条的规定重新办理冻结手续。逾期不办理继续冻结手续的，视为自动解除。

**第四十条** 冻结电子数据，应当采取以下一种或者几种方法：

（一）计算电子数据的完整性校验值；

（二）锁定网络应用账号；

（三）采取写保护措施；

（四）其他防止增加、删除、修改电子数据的措施。

### 第六节 调取电子数据

**第四十一条** 公安机关向有关单位和个人调取电子数据，应当经办案部门负责人批准，开具《调取证据通知书》，注明需要调取电子数据的相关信息，通知电子数据持有人、网络服务提供者或者有关部门执行。被调取单位、个人应当在通知书回执上签名或者盖章，并附完整性校验值等保护电子数据完整性方法的说明，被调取单位、个人拒绝盖章、签名或者附说明的，公安机关应当注明。必要时，应当采用录音或者录像等方式固定证据内容及取证过程。

公安机关应当协助因客观条件限制无法保护电子数据完整性的被调取单位、个人进行电子数据完整性的保护。

**第四十二条** 公安机关跨地域调查取证的，可以将《办案协作函》和相关法律文书及凭证传真或者通过公安机关信息化系统传输至协作地公安机关。协作地办案部门经审查确认后，在传来的法律文书上加盖本地办案部门印章后，代为调查取证。

协作地办案部门代为调查取证后，可以将相关法律文书回执或者笔录邮寄至办案地公安机关，将电子数据或者电子数据的获取、查看工具和方法说明通过公安机关信息化系统传输至办案地公安机关。

办案地公安机关应当审查调取电子数据的完整性，对保证电子数据的完整性有疑问的，协作地办案部门应当重新代为调取。

## 第三章 电子数据的检查和侦查实验

### 第一节 电子数据检查

**第四十三条** 对扣押的原始存储介质或者提取的电子数据，需要通过数据恢复、破解、搜索、仿真、关联、统计、比对等方式，以进一步发现和提取与案件相关的线索和证据时，可以进行电子数据检查。

**第四十四条** 电子数据检查，应当由二名以上具有专业技术的侦查人员进行。必要时，可以指派或者聘请有专门知识的人参加。

**第四十五条** 电子数据检查应当符合相关技术标准。

**第四十六条** 电子数据检查应当保护在公安机关内部移交过程中电子数据的完整性。移交时，应当办理移交手续，并按照以下方式核对电子数据：

（一）核对其完整性校验值是否正确；

（二）核对封存的照片与当前封存的状态是否一致。

对于移交时电子数据完整性校验值不正确、原始存储介质封存状态不一致或者未封存可能影响证据真实性、完整性的，检查人员应当在有关笔录中注明。

**第四十七条** 检查电子数据应当遵循以下原则：

（一）通过写保护设备接入到检查设备进行检查，或者制作电子数据备份、对备份进行检查；

（二）无法使用写保护设备且无法制作备份的，应当注明原因，并全程录像；

（三）检查前解除封存、检查后重新封存前后应当拍摄被封存原始存储介质的照片，清晰反映封口或者张贴封条处的状况；

（四）检查具有无线通信功能的原始存储介质，应当采取信号屏蔽、信号阻断或者切断电源等措施保护电子数据的完整性。

**第四十八条** 检查电子数据，应当制作《电子数据检查笔录》，记录以下内容：

（一）基本情况。包括检查的起止时间，指挥人员、检查人员的姓名、职务，检查的对象，检查的目的等；

（二）检查过程。包括检查过程使用的工具，检查的方法与步骤等；

（三）检查结果。包括通过检查发现的案件线索、电子数据等相关信息。

（四）其他需要记录的内容。

**第四十九条** 电子数据检查时需要提取电子数据的，应当制作《电子数据提取固定清单》，记录该电子数据的来源、提取方法和完整性校验值。

### 第二节 电子数据侦查实验

**第五十条** 为了查明案情，必要时，经县级以上公安机关负责人批准可以进行电子数据侦查实验。

**第五十一条** 电子数据侦查实验的任务包括：

（一）验证一定条件下电子设备发生的某种异常或者电子数据发生的某种变化；

（二）验证在一定时间内能否完成对电子数据的某种操作行为；

（三）验证在某种条件下使用特定软件、硬件能否完成某种特定行为、造成特定后果；

（四）确定一定条件下某种计算机信息系统应用或者网络行为能否修改、删除特定的电子数据；

（五）其他需要验证的情况。

**第五十二条** 电子数据侦查实验应当符合以下要求：

（一）应当采取技术措施保护原始存储介质数据的完整性；

（二）有条件的，电子数据侦查实验应当进行二次以上；

（三）侦查实验使用的电子设备、网络环境等应当与发案现场一致或者基本一致；必要时，可以采用相关技术方法对相关环境进行模拟或者进行对照实验；

（四）禁止可能泄露公民信息或者影响非实验环境计算机信息系统正常运行的行为。

**第五十三条** 进行电子数据侦查实验，应当使用拍照、录像、录音、通信数据采集等一种或多种方式客观记录实验过程。

**第五十四条** 进行电子数据侦查实验，应当制作《电子数据侦查实验笔录》，记录侦查实验的条件、过程和结果，并由参加侦查实验的人员签名或者盖章。

## 第四章　电子数据委托检验与鉴定

**第五十五条**　为了查明案情，解决案件中某些专门性问题，应当指派、聘请有专门知识的人进行鉴定，或者委托公安部指定的机构出具报告。

需要聘请有专门知识的人进行鉴定，或者委托公安部指定的机构出具报告的，应当经县级以上公安机关负责人批准。

**第五十六条**　侦查人员送检时，应当封存原始存储介质、采取相应措施保护电子数据完整性，并提供必要的案件相关信息。

**第五十七条**　公安部指定的机构及其承担检验工作的人员应当独立开展业务并承担相应责任，不受其他机构和个人影响。

**第五十八条**　公安部指定的机构应当按照法律规定和司法审判机关要求承担回避、保密、出庭作证等义务，并对报告的真实性、合法性负责。

公安部指定的机构应当运用科学方法进行检验、检测，并出具报告。

**第五十九条**　公安部指定的机构应当具备必需的仪器、设备并且依法通过资质认定或者实验室认可。

**第六十条**　委托公安部指定的机构出具报告的其他事宜，参照《公安机关鉴定规则》等有关规定执行。

## 第五章　附　则

**第六十一条**　本规则自 2019 年 2 月 1 日起施行。公安部之前发布的文件与本规则不一致的，以本规则为准。

## 司法部
# 关于修改《律师事务所管理办法》的决定

（2018年11月19日司法部部务会议审议通过　2018年12月5日司法部令第142号发布　自2019年1月15日起施行）

为了深入贯彻习近平新时代中国特色社会主义思想和党的十九大及十九届二中、三中全会精神，坚持和加强党对律师工作的全面领导，加强律师事务所党组织建设，充分发挥律师事务所党组织的战斗堡垒作用和党员律师的先锋模范作用，根据《中国共产党章程》和中央有关律师行业党建工作的决策部署，决定对《律师事务所管理办法》（司法部令第133号）作如下修改：

一、将第三条第一款修改为："律师事务所应当坚持以习近平新时代中国特色社会主义思想为指导，坚持和加强党对律师工作的全面领导，坚定维护以习近平同志为核心的党中央权威和集中统一领导，把拥护中国共产党领导、拥护社会主义法治作为从业的基本要求，增强广大律师走中国特色社会主义法治道路的自觉性和坚定性。"

二、将第四条修改为："律师事务所应当加强党的建设，充分发挥党组织的战斗堡垒作用和党员律师的先锋模范作用。

"律师事务所有三名以上正式党员的，应当根据《中国共产党章程》的规定，经上级党组织批准，成立党的基层组织，并按期进行换届。律师事务所正式党员不足三人的，应当通过联合成立党组织、上级党组织选派党建工作指导员等方式开展党的工作，并在条件具备时及时成立党的基层组织。

"律师事务所应当建立完善党组织参与律师事务所决策、管理的工作机制，为党组织开展活动、做好工作提供场地、人员和经费等支持。"

三、在第十六条第一款第十项后增加一项，作为第十一项："律师事务所党组织的设置形式、地位作用、职责权限、参与本所决策、管理的工作机制和党建工作保障措施等。”

将第十一项修改为第十二项。

**四、**本决定自2019年1月15日起施行。

《律师事务所管理办法》根据本决定作相应修改，重新公布。

**附：**

# 律师事务所管理办法

（2008年7月18日司法部令第111号发布　2012年11月30日根据司法部令第125号修正　2016年9月6日根据司法部令第133号修订　2018年12月5日根据司法部令第142号修正）

## 第一章　总　则

**第一条**　为了规范律师事务所的设立，加强对律师事务所的监督和管理，根据《中华人民共和国律师法》（以下简称《律师法》）和其他有关法律、法规的规定，制定本办法。

**第二条**　律师事务所是律师的执业机构。律师事务所应当依法设立并取得执业许可证。

律师事务所的设立和发展，应当根据国家和地方经济社会发展的需要，实现合理分布、均衡发展。

**第三条**　律师事务所应当坚持以习近平新时代中国特色社会主义思想为指导，坚持和加强党对律师工作的全面领导，坚定维护以习近平同志为核心的党中央权威和集中统一领导，把拥护中国共产党领导、拥护社会主义法治作为从业的基本要求，增强广大律师走中国特色社会主义法治道路的自觉性和坚定性。

律师事务所应当依法开展业务活动，加强内部管理和对律师执业行为的监督，依法承担相应的法律责任。

任何组织和个人不得非法干预律师事务所的业务活动，不得侵害律师事务所的合法权益。

**第四条** 律师事务所应当加强党的建设，充分发挥党组织的战斗堡垒作用和党员律师的先锋模范作用。

律师事务所有三名以上正式党员的，应当根据《中国共产党章程》的规定，经上级党组织批准，成立党的基层组织，并按期进行换届。律师事务所正式党员不足三人的，应当通过联合成立党组织、上级党组织选派党建工作指导员等方式开展党的工作，并在条件具备时及时成立党的基层组织。

律师事务所应当建立完善党组织参与律师事务所决策、管理的工作机制，为党组织开展活动、做好工作提供场地、人员和经费等支持。

**第五条** 司法行政机关依照《律师法》和本办法的规定对律师事务所进行监督、指导。

律师协会依照《律师法》、协会章程和行业规范，对律师事务所实行行业自律。

司法行政机关、律师协会应当结合监督管理职责，加强对律师行业党的建设的指导。

**第六条** 司法行政机关、律师协会应当建立健全律师事务所表彰奖励制度，根据有关规定设立综合性和单项表彰项目，对为维护人民群众合法权益、促进经济社会发展和国家法治建设作出突出贡献的律师事务所进行表彰奖励。

## 第二章 律师事务所的设立条件

**第七条** 律师事务所可以由律师合伙设立、律师个人设立或者由国家出资设立。

合伙律师事务所可以采用普通合伙或者特殊的普通合伙形式设立。

**第八条** 设立律师事务所应当具备下列基本条件：

（一）有自己的名称、住所和章程；

（二）有符合《律师法》和本办法规定的律师；

（三）设立人应当是具有一定的执业经历并能够专职执业的律师，且在申请设立前三年内未受过停止执业处罚；

（四）有符合本办法规定数额的资产。

**第九条** 设立普通合伙律师事务所，除应当符合本办法第八条规定的条件外，还应当具备下列条件：

（一）有书面合伙协议；

（二）有三名以上合伙人作为设立人；

（三）设立人应当是具有三年以上执业经历并能够专职执业的律师；

（四）有人民币三十万元以上的资产。

**第十条** 设立特殊的普通合伙律师事务所，除应当符合本办法第八条规定的条件外，还应当具备下列条件：

（一）有书面合伙协议；

（二）有二十名以上合伙人作为设立人；

（三）设立人应当是具有三年以上执业经历并能够专职执业的律师；

（四）有人民币一千万元以上的资产。

**第十一条** 设立个人律师事务所，除应当符合本办法第八条规定的条件外，还应当具备下列条件：

（一）设立人应当是具有五年以上执业经历并能够专职执业的律师；

（二）有人民币十万元以上的资产。

**第十二条** 国家出资设立的律师事务所，除符合《律师法》规定的一般条件外，应当至少有二名符合《律师法》规定并能够专职执业的律师。

需要国家出资设立律师事务所的，由当地县级司法行政机关筹建，申请设立许可前须经所在地县级人民政府有关部门核拨编制、提供经费保障。

**第十三条** 省、自治区、直辖市司法行政机关可以根据本地经济社会发展状况和律师业发展需要，适当调整本办法规定的普通合伙律师事务所、特殊的普通合伙律师事务所和个人律师事务所的设立资产数额，报司法部批准后实施。

**第十四条** 设立律师事务所，其申请的名称应当符合司法部有关律师事务所名称管理的规定，并应当在申请设立许可前按规定办理名称检索。

**第十五条** 律师事务所负责人人选，应当在申请设立许可时一并报审核机关核准。

合伙律师事务所的负责人，应当从本所合伙人中经全体合伙人选举产生；国家出资设立的律师事务所的负责人，由本所律师推选，经所在地县级司法行政机关同意。

个人律师事务所设立人是该所的负责人。

**第十六条** 律师事务所章程应当包括下列内容：

（一）律师事务所的名称和住所；

（二）律师事务所的宗旨；

（三）律师事务所的组织形式；

（四）设立资产的数额和来源；

（五）律师事务所负责人的职责以及产生、变更程序；

（六）律师事务所决策、管理机构的设置、职责；

（七）本所律师的权利与义务；

（八）律师事务所有关执业、收费、财务、分配等主要管理制度；

（九）律师事务所解散的事由、程序以及清算办法；

（十）律师事务所章程的解释、修改程序；

（十一）律师事务所党组织的设置形式、地位作用、职责权限、参与本所决策、管理的工作机制和党建工作保障措施等；

（十二）其他需要载明的事项。

设立合伙律师事务所的，其章程还应当载明合伙人的姓名、出资额及出资方式。

律师事务所章程的内容不得与有关法律、法规、规章相抵触。

律师事务所章程自省、自治区、直辖市司法行政机关作出准予设立律师事务所决定之日起生效。

**第十七条** 合伙协议应当载明下列内容：

（一）合伙人，包括姓名、居住地、身份证号、律师执业经历等；

（二）合伙人的出资额及出资方式；

（三）合伙人的权利、义务；

（四）合伙律师事务所负责人的职责以及产生、变更程序；

（五）合伙人会议的职责、议事规则等；

（六）合伙人收益分配及债务承担方式；

（七）合伙人入伙、退伙及除名的条件和程序；

（八）合伙人之间争议的解决方法和程序，违反合伙协议承担的责任；

（九）合伙协议的解释、修改程序；

（十）其他需要载明的事项。

合伙协议的内容不得与有关法律、法规、规章相抵触。

合伙协议由全体合伙人协商一致并签名，自省、自治区、直辖市司法行政机关作出准予设立律师事务所决定之日起生效。

## 第三章　律师事务所设立许可程序

**第十八条**　律师事务所的设立许可，由设区的市级或者直辖市的区（县）司法行政机关受理设立申请并进行初审，报省、自治区、直辖市司法行政机关进行审核，作出是否准予设立的决定。

**第十九条**　申请设立律师事务所，应当向所在地设区的市级或者直辖市的区（县）司法行政机关提交下列材料：

（一）设立申请书；

（二）律师事务所的名称、章程；

（三）设立人的名单、简历、身份证明、律师执业证书，律师事务所负责人人选；

（四）住所证明；

（五）资产证明。

设立合伙律师事务所，还应当提交合伙协议。

设立国家出资设立的律师事务所，应当提交所在地县级人民政府有关部门出具的核拨编制、提供经费保障的批件。

申请设立许可时，申请人应当如实填报《律师事务所设立申请登记表》。

**第二十条**　设区的市级或者直辖市的区（县）司法行政机关对申请人提出的设立律师事务所申请，应当根据下列情况分别作出处理：

（一）申请材料齐全、符合法定形式的，应当受理；

（二）申请材料不齐全或者不符合法定形式的，应当当场或者自收到申请材料之日起五日内一次告知申请人需要补正的全部内容。申请人按要求补正的，予以受理；逾期不告知的，自收到申请材料之日起即为受理；

（三）申请事项明显不符合法定条件或者申请人拒绝补正、无法补正有关材料的，不予受理，并向申请人书面说明理由。

**第二十一条**　受理申请的司法行政机关应当在决定受理之日起二十日内完成对申请材料的审查。

在审查过程中，可以征求拟设立律师事务所所在地县级司法行政机关的意见；对于需要调查核实有关情况的，可以要求申请人提供有关证明材料，也可以委托县级司法行政机关进行核实。

经审查，应当对设立律师事务所的申请是否符合法定条件、材料是否真实齐全出具审查意见，并将审查意见和全部申请材料报送省、自治区、直辖市司法行政机关。

**第二十二条** 省、自治区、直辖市司法行政机关应当自收到受理申请机关报送的审查意见和全部申请材料之日起十日内予以审核，作出是否准予设立律师事务所的决定。

准予设立的，应当自决定之日起十日内向申请人颁发律师事务所执业许可证。

不准予设立的，应当向申请人书面说明理由。

**第二十三条** 律师事务所执业许可证分为正本和副本。正本用于办公场所悬挂，副本用于接受查验。正本和副本具有同等的法律效力。

律师事务所执业许可证应当载明的内容、制作的规格、证号编制办法，由司法部规定。执业许可证由司法部统一制作。

**第二十四条** 律师事务所设立申请人应当在领取执业许可证后的六十日内，按照有关规定刻制印章、开立银行账户、办理税务登记，完成律师事务所开业的各项准备工作，并将刻制的律师事务所公章、财务章印模和开立的银行账户报所在地设区的市级或者直辖市的区（县）司法行政机关备案。

**第二十五条** 有下列情形之一的，由作出准予设立律师事务所决定的省、自治区、直辖市司法行政机关撤销原准予设立的决定，收回并注销律师事务所执业许可证：

（一）申请人以欺骗、贿赂等不正当手段取得准予设立决定的；

（二）对不符合法定条件的申请或者违反法定程序作出准予设立决定的。

## 第四章 律师事务所的变更和终止

**第二十六条** 律师事务所变更名称、负责人、章程、合伙协议的，应当经所在地设区的市级或者直辖市的区（县）司法行政机关审查后报原审核机关批准。具体办法按律师事务所设立许可程序办理。

律师事务所变更住所、合伙人的，应当自变更之日起十五日内经所在地设区的市级或者直辖市的区（县）司法行政机关报原审核机关备案。

**第二十七条** 律师事务所跨县、不设区的市、市辖区变更住所，需要相应变更负责对其实施日常监督管理的司法行政机关的，应当在办理备案手续后，由其所在地设区的市级司法行政机关或者直辖市司法行政机关将有关变更情况通知律师事务所迁入地的县级司法行政机关。

律师事务所拟将住所迁移其他省、自治区、直辖市的，应当按注销原律师事务所、设立新的律师事务所的程序办理。

**第二十八条** 律师事务所变更合伙人，包括吸收新合伙人、合伙人退伙、合伙人因法定事由或者经合伙人会议决议被除名。

新合伙人应当从专职执业的律师中产生，并具有三年以上执业经历，但司法部另有规定的除外。受到六个月以上停止执业处罚的律师，处罚期满未逾三年的，不得担任合伙人。

合伙人退伙、被除名的，律师事务所应当依照法律、本所章程和合伙协议处理相关财产权益、债务承担等事务。

因合伙人变更需要修改合伙协议的，修改后的合伙协议应当按照本办法第二十六条第一款的规定报批。

**第二十九条** 律师事务所变更组织形式的，应当在自行依法处理好业务衔接、人员安排、资产处置、债务承担等事务并对章程、合伙协议作出相应修改后，方可按照本办法第二十六条第一款的规定申请变更。

**第三十条** 律师事务所因分立、合并，需要对原律师事务所进行变更或者注销原律师事务所、设立新的律师事务所的，应当在自行依法处理好相关律师事务所的业务衔接、人员安排、资产处置、债务承担等事务后，提交分立协议或者合并协议等申请材料，按照本办法的相关规定办理。

**第三十一条** 律师事务所有下列情形之一的，应当终止：

（一）不能保持法定设立条件，经限期整改仍不符合条件的；

（二）执业许可证被依法吊销的；

（三）自行决定解散的；

（四）法律、行政法规规定应当终止的其他情形。

律师事务所在取得设立许可后，六个月内未开业或者无正当理由停止业务活动满一年的，视为自行停办，应当终止。

律师事务所在受到停业整顿处罚期限未满前，不得自行决定解散。

**第三十二条** 律师事务所在终止事由发生后，不得受理新的业务。

律师事务所在终止事由发生后，应当向社会公告，依照有关规定进行清算，依法处置资产分割、债务清偿等事务。

律师事务所应当在清算结束后十五日内向所在地设区的市级或者直辖市的区（县）司法行政机关提交注销申请书、清算报告、本所执业许可证以及其他有关材料，由其出具审查意见后连同全部注销申请材料报原审核机关审核，办理注销手续。

律师事务所拒不履行公告、清算义务的，由设区的市级或者直辖市的区（县）司法行政机关向社会公告后，可以直接报原审核机关办理注销手续。律师事务所被注销后的债权、债务由律师事务所的设立人、合伙人承担。

律师事务所被注销的，其业务档案、财务账簿、本所印章的移管、处置，按照有关规定办理。

## 第五章 律师事务所分所的设立、变更和终止

**第三十三条** 成立三年以上并具有二十名以上执业律师的合伙律师事务所，根据业务发展需要，可以在本所所在地的市、县以外的地方设立分所。设在直辖市、设区的市的合伙律师事务所也可以在本所所在城区以外的区、县设立分所。

律师事务所及其分所受到停业整顿处罚期限未满的，该所不得申请设立分所；律师事务所的分所受到吊销执业许可证处罚的，该所自分所受到处罚之日起二年内不得申请设立分所。

**第三十四条** 分所应当具备下列条件：

（一）有符合《律师事务所名称管理办法》规定的名称；

（二）有自己的住所；

（三）有三名以上律师事务所派驻的专职律师；

（四）有人民币三十万元以上的资产；

（五）分所负责人应当是具有三年以上的执业经历并能够专职执业，且在担任负责人前三年内未受过停止执业处罚的律师。

律师事务所到经济欠发达的市、县设立分所的，前款规定的派驻律师条件可以降至一至二名；资产条件可以降至人民币十万元。具体适用地区由省、自

治区、直辖市司法行政机关确定。

省、自治区、直辖市司法行政机关根据本地经济社会发展和律师业发展状况，需要提高第一款第（三）、（四）项规定的条件的，按照本办法第十三条规定的程序办理。

**第三十五条** 律师事务所申请设立分所，应当提交下列材料：

（一）设立分所申请书；

（二）本所基本情况，本所设立许可机关为其出具的符合《律师法》第十九条和本办法第三十三条规定条件的证明；

（三）本所执业许可证复印件，本所章程和合伙协议；

（四）拟在分所执业的律师的名单、简历、身份证明和律师执业证书复印件；

（五）拟任分所负责人的人选及基本情况，该人选执业许可机关为其出具的符合本办法第三十四条第一款第五项规定条件的证明；

（六）分所的名称，分所住所证明和资产证明；

（七）本所制定的分所管理办法。

申请设立分所时，申请人应当如实填报《律师事务所分所设立申请登记表》。

**第三十六条** 律师事务所申请设立分所，由拟设立分所所在地设区的市级或者直辖市区（县）司法行政机关受理并进行初审，报省、自治区、直辖市司法行政机关审核，决定是否准予设立分所。具体程序按照本办法第二十条、第二十一条、第二十二条的规定办理。

准予设立分所的，由设立许可机关向申请人颁发律师事务所分所执业许可证。

**第三十七条** 分所律师除由律师事务所派驻外，可以依照《律师执业管理办法》的规定面向社会聘用律师。

派驻分所律师，参照《律师执业管理办法》有关律师变更执业机构的规定办理，由准予设立分所的省、自治区、直辖市司法行政机关予以换发执业证书，原执业证书交回原颁证机关；分所聘用律师，依照《律师执业管理办法》规定的申请律师执业许可或者变更执业机构的程序办理。

**第三十八条** 律师事务所决定变更分所负责人的，应当经分所所在地设区的市级或者直辖市区（县）司法行政机关报分所设立许可机关批准；变更派驻分所律师的，参照《律师执业管理办法》有关律师变更执业机构的规定办理。

分所变更住所的，应当自变更之日起十五日内，经分所所在地设区的市级或者直辖市区（县）司法行政机关报分所设立许可机关备案。

律师事务所变更名称的，应当自名称获准变更之日起三十日内，经分所所在地设区的市级或者直辖市区（县）司法行政机关向分所设立许可机关申请变更分所名称。

**第三十九条** 有下列情形之一的，分所应当终止：

（一）律师事务所依法终止的；

（二）律师事务所不能保持《律师法》和本办法规定设立分所的条件，经限期整改仍不符合条件的；

（三）分所不能保持本办法规定的设立条件，经限期整改仍不符合条件的；

（四）分所在取得设立许可后六个月内未开业或者无正当理由停止业务活动满一年的；

（五）律师事务所决定停办分所的；

（六）分所执业许可证被依法吊销的；

（七）法律、行政法规规定应当终止的其他情形。

分所终止的，由分所设立许可机关注销分所执业许可证。分所终止的有关事宜按照本办法第三十二条的规定办理。

## 第六章　律师事务所执业和管理规则

**第四十条** 律师事务所应当建立健全执业管理和其他各项内部管理制度，规范本所律师执业行为，履行监管职责，对本所律师遵守法律、法规、规章及行业规范，遵守职业道德和执业纪律的情况进行监督，发现问题及时予以纠正。

**第四十一条** 律师事务所应当保障本所律师和辅助人员享有下列权利：

（一）获得本所提供的必要工作条件和劳动保障；

（二）获得劳动报酬及享受有关福利待遇；

（三）向本所提出意见和建议；

（四）法律、法规、规章及行业规范规定的其他权利。

**第四十二条** 律师事务所应当监督本所律师和辅助人员履行下列义务：

（一）遵守宪法和法律，遵守职业道德和执业纪律；

（二）依法、诚信、规范执业；

（三）接受本所监督管理，遵守本所章程和规章制度，维护本所的形象和声誉；

（四）法律、法规、规章及行业规范规定的其他义务。

**第四十三条** 律师事务所应当建立违规律师辞退和除名制度，对违法违规执业、违反本所章程及管理制度或者年度考核不称职的律师，可以将其辞退或者经合伙人会议通过将其除名，有关处理结果报所在地县级司法行政机关和律师协会备案。

**第四十四条** 律师事务所应当在法定业务范围内开展业务活动，不得以独资、与他人合资或者委托持股方式兴办企业，并委派律师担任企业法定代表人、总经理职务，不得从事与法律服务无关的其他经营性活动。

**第四十五条** 律师事务所应当与其他律师事务所公平竞争，不得以诋毁其他律师事务所、律师或者支付介绍费等不正当手段承揽业务。

**第四十六条** 律师承办业务，由律师事务所统一接受委托，与委托人签订书面委托合同。

律师事务所受理业务，应当进行利益冲突审查，不得违反规定受理与本所承办业务及其委托人有利益冲突的业务。

**第四十七条** 律师事务所应当按照有关规定统一收取服务费用并如实入账，建立健全收费管理制度，及时查处有关违规收费的举报和投诉，不得在实行政府指导价的业务领域违反规定标准收取费用，或者违反风险代理管理规定收取费用。

律师事务所应当按照规定建立健全财务管理制度，建立和实行合理的分配制度及激励机制。

律师事务所应当依法纳税。

**第四十八条** 律师事务所应当依法履行法律援助义务，及时安排本所律师承办法律援助案件，为办理法律援助案件提供条件和便利，无正当理由不得拒绝接受法律援助机构指派的法律援助案件。

**第四十九条** 律师事务所应当建立健全重大疑难案件的请示报告、集体研究和检查督导制度，规范受理程序，指导监督律师依法办理重大疑难案件。

**第五十条** 律师事务所应当依法履行管理职责，教育管理本所律师依法、规范承办业务，加强对本所律师执业活动的监督管理，不得放任、纵容本所律师有下列行为：

（一）采取煽动、教唆和组织当事人或者其他人员到司法机关或者其他国家机关静坐、举牌、打横幅、喊口号、声援、围观等扰乱公共秩序、危害公共安全的非法手段，聚众滋事，制造影响，向有关部门施加压力；

（二）对本人或者其他律师正在办理的案件进行歪曲、有误导性的宣传和评论，恶意炒作案件；

（三）以串联组团、联署签名、发表公开信、组织网上聚集、声援等方式或者借个案研讨之名，制造舆论压力，攻击、诋毁司法机关和司法制度；

（四）无正当理由，拒不按照人民法院通知出庭参与诉讼，或者违反法庭规则，擅自退庭；

（五）聚众哄闹、冲击法庭，侮辱、诽谤、威胁、殴打司法工作人员或者诉讼参与人，否定国家认定的邪教组织的性质，或者有其他严重扰乱法庭秩序的行为；

（六）发表、散布否定宪法确立的根本政治制度、基本原则和危害国家安全的言论，利用网络、媒体挑动对党和政府的不满，发起、参与危害国家安全的组织或者支持、参与、实施危害国家安全的活动；以歪曲事实真相、明显违背社会公序良俗等方式，发表恶意诽谤他人的言论，或者发表严重扰乱法庭秩序的言论。

**第五十一条** 合伙律师事务所和国家出资设立的律师事务所应当按照规定为聘用的律师和辅助人员办理失业、养老、医疗等社会保险。

个人律师事务所聘用律师和辅助人员的，应当按前款规定为其办理社会保险。

**第五十二条** 律师事务所应当按照规定，建立执业风险、事业发展、社会保障等基金。

律师参加执业责任保险的具体办法另行规定。

**第五十三条** 律师违法执业或者因过错给当事人造成损失的，由其所在的律师事务所承担赔偿责任。律师事务所赔偿后，可以向有故意或者重大过失行为的律师追偿。

普通合伙律师事务所的合伙人对律师事务所的债务承担无限连带责任。特殊的普通合伙律师事务所一个合伙人或者数个合伙人在执业活动中因故意或者重大过失造成律师事务所债务的，应当承担无限责任或者无限连带责任，其他合伙人以其在律师事务所中的财产份额为限承担责任；合伙人在执业活动中非因故意或者重大过失造成的律师事务所债务，由全体合伙人承担无限连带责任。个人律师事务所的设立人对律师事务所的债务承担无限责任。国家出资设立的律师事务所以其全部资产对其债务承担责任。

**第五十四条** 律师事务所的负责人负责对律师事务所的业务活动和内部事务进行管理，对外代表律师事务所，依法承担对律师事务所违法行为的管理责任。

合伙人会议或者律师会议为合伙律师事务所或者国家出资设立的律师事务所的决策机构；个人律师事务所的重大决策应当充分听取聘用律师的意见。

律师事务所根据本所章程可以设立相关管理机构或者配备专职管理人员，协助本所负责人开展日常管理工作。

**第五十五条** 律师事务所应当加强对本所律师的职业道德和执业纪律教育，组织开展业务学习和经验交流活动，为律师参加业务培训和继续教育提供条件。

**第五十六条** 律师事务所应当建立律师表彰奖励制度，对依法、诚信、规范执业表现突出的律师予以表彰奖励。

**第五十七条** 律师事务所应当建立投诉查处制度，及时查处、纠正本所律师在执业活动中的违法违规行为，调处在执业中与委托人之间的纠纷；认为需要对被投诉律师给予行政处罚或者行业惩戒的，应当及时向所在地县级司法行政机关或者律师协会报告。

已担任合伙人的律师受到六个月以上停止执业处罚的，自处罚决定生效之日起至处罚期满后三年内，不得担任合伙人。

**第五十八条** 律师事务所应当建立律师执业年度考核制度，按照规定对本所律师的执业表现和遵守职业道德、执业纪律的情况进行考核，评定等次，实施奖惩，建立律师执业档案和诚信档案。

**第五十九条** 律师事务所应当于每年的一季度经所在地县级司法行政机关向设区的市级司法行政机关提交上一年度本所执业情况报告和律师执业考核结果，直辖市的律师事务所的执业情况报告和律师执业考核结果直接向所在地区

（县）司法行政机关提交，接受司法行政机关的年度检查考核。具体年度检查考核办法，由司法部规定。

**第六十条** 律师事务所应当按照规定建立健全档案管理制度，对所承办业务的案卷和有关资料及时立卷归档，妥善保管。

**第六十一条** 律师事务所应当通过本所网站等，公开本所律师和辅助人员的基本信息和奖惩情况。

**第六十二条** 律师事务所应当妥善保管、依法使用本所执业许可证，不得变造、出借、出租。如有遗失或者损毁的，应当及时报告所在地县级司法行政机关，经所在地设区的市级或者直辖市区（县）司法行政机关向原审核机关申请补发或者换发。律师事务所执业许可证遗失的，应当在当地报刊上刊登遗失声明。

律师事务所被撤销许可、受到吊销执业许可证处罚的，由所在地县级司法行政机关收缴其执业许可证。

律师事务所受到停业整顿处罚的，应当自处罚决定生效后至处罚期限届满前，将执业许可证缴存其所在地县级司法行政机关。

**第六十三条** 律师事务所应当加强对分所执业和管理活动的监督，履行下列管理职责：

（一）任免分所负责人；

（二）决定派驻分所律师，核准分所聘用律师人选；

（三）审核、批准分所的内部管理制度；

（四）审核、批准分所的年度工作计划、年度工作总结；

（五）指导、监督分所的执业活动及重大法律事务的办理；

（六）指导、监督分所的财务活动，审核、批准分所的分配方案和年度财务预算、决算；

（七）决定分所重要事项的变更、分所停办和分所资产的处置；

（八）本所规定的其他由律师事务所决定的事项。

律师事务所应当依法对其分所的债务承担责任。

## 第七章　司法行政机关的监督管理

**第六十四条** 县级司法行政机关对本行政区域内的律师事务所的执业活动

进行日常监督管理，履行下列职责：

（一）监督律师事务所在开展业务活动过程中遵守法律、法规、规章的情况；

（二）监督律师事务所执业和内部管理制度的建立和实施情况；

（三）监督律师事务所保持法定设立条件以及变更报批或者备案的执行情况；

（四）监督律师事务所进行清算、申请注销的情况；

（五）监督律师事务所开展律师执业年度考核和上报年度执业总结的情况；

（六）受理对律师事务所的举报和投诉；

（七）监督律师事务所履行行政处罚和实行整改的情况；

（八）司法部和省、自治区、直辖市司法行政机关规定的其他职责。

县级司法行政机关在开展日常监督管理过程中，对发现、查实的律师事务所在执业和内部管理方面存在的问题，应当对律师事务所负责人或者有关律师进行警示谈话，责令改正，并对其整改情况进行监督；对律师事务所的违法行为认为依法应当给予行政处罚的，应当向上一级司法行政机关提出处罚建议；认为需要给予行业惩戒的，移送律师协会处理。

**第六十五条** 设区的市级司法行政机关履行下列监督管理职责：

（一）掌握本行政区域律师事务所的执业活动和组织建设、队伍建设、制度建设的情况，制定加强律师工作的措施和办法；

（二）指导、监督下一级司法行政机关的日常监督管理工作，组织开展对律师事务所的专项监督检查工作，指导对律师事务所重大投诉案件的查处工作；

（三）对律师事务所进行表彰；

（四）依法定职权对律师事务所的违法行为实施行政处罚；对依法应当给予吊销执业许可证处罚的，向上一级司法行政机关提出处罚建议；

（五）组织开展对律师事务所的年度检查考核工作；

（六）受理、审查律师事务所设立、变更、设立分所、注销申请事项；

（七）建立律师事务所执业档案，负责有关律师事务所的许可、变更、终止及执业档案信息的公开工作；

（八）法律、法规、规章规定的其他职责。

直辖市的区（县）司法行政机关负有前款规定的有关职责。

**第六十六条** 省、自治区、直辖市司法行政机关履行下列监督管理职责：

（一）制定本行政区域律师事务所的发展规划和有关政策，制定律师事务所管理的规范性文件；

（二）掌握本行政区域律师事务所组织建设、队伍建设、制度建设和业务开展情况；

（三）监督、指导下级司法行政机关的监督管理工作，指导对律师事务所的专项监督检查和年度检查考核工作；

（四）组织对律师事务所的表彰活动；

（五）依法对律师事务所的严重违法行为实施吊销执业许可证的处罚，监督下一级司法行政机关的行政处罚工作，办理有关行政复议和申诉案件；

（六）办理律师事务所设立核准、变更核准或者备案、设立分所核准及执业许可证注销事项；

（七）负责本行政区域律师事务所有关重大信息的公开工作；

（八）法律、法规规定的其他职责。

**第六十七条** 律师事务所违反本办法有关规定的，依照《律师法》和有关法规、规章规定追究法律责任。

律师事务所违反本办法第四十四条、第四十五条、第四十七条、第四十八条、第五十条规定的，司法行政机关应当依照《律师法》第五十条相关规定予以行政处罚。

**第六十八条** 律师事务所管理分所的情况，应当纳入司法行政机关对该所年度检查考核的内容；律师事务所对分所及其律师疏于管理、造成严重后果的，由该所所在地司法行政机关依法实施行政处罚。

律师事务所分所及其律师，应当接受分所所在地司法行政机关的监督、指导，接受分所所在地律师协会的行业管理。

**第六十九条** 跨省、自治区、直辖市设立分所的，分所所在地的省、自治区、直辖市司法行政机关应当将分所设立、变更、终止以及年度考核、行政处罚等情况及时抄送设立分所的律师事务所所在的省、自治区、直辖市司法行政机关。

**第七十条** 各级司法行政机关及其工作人员对律师事务所实施监督管理，不得妨碍律师事务所依法执业，不得侵害律师事务所的合法权益，不得索取或者收受律师事务所及其律师的财物，不得谋取其他利益。

**第七十一条** 司法行政机关应当加强对实施许可和管理活动的层级监督，按照规定建立有关工作的统计、请示、报告、督办等制度。

负责律师事务所许可实施、年度检查考核或者奖励、处罚的司法行政机关，应当及时将有关许可决定、考核结果或者奖惩情况通报下级司法行政机关，并报送上一级司法行政机关。

**第七十二条** 司法行政机关、律师协会应当建立律师和律师事务所信息管理系统，按照有关规定向社会公开律师事务所基本信息和年度检查考核结果、奖惩情况。

**第七十三条** 司法行政机关应当加强对律师协会的指导、监督，支持律师协会依照《律师法》和协会章程、行业规范对律师事务所实行行业自律，建立健全行政管理与行业自律相结合的协调、协作机制。

**第七十四条** 各级司法行政机关应当定期将本行政区域律师事务所的组织、队伍、业务情况的统计资料、年度管理工作总结报送上一级司法行政机关。

**第七十五条** 人民法院、人民检察院、公安机关、国家安全机关或者其他有关部门对律师事务所的违法违规行为向司法行政机关、律师协会提出予以处罚、处分建议的，司法行政机关、律师协会应当自作出处理决定之日起7日内通报建议机关。

**第七十六条** 司法行政机关工作人员在律师事务所设立许可和实施监督管理活动中，滥用职权、玩忽职守，构成犯罪的，依法追究刑事责任；尚不构成犯罪的，依法给予行政处分。

## 第八章 附 则

**第七十七条** 军队法律顾问处的管理，按照国务院和中央军事委员会有关规定执行。

**第七十八条** 本办法自2016年11月1日起施行。此前司法部制定的有关律师事务所管理的规章、规范性文件与本办法相抵触的，以本办法为准。

[地方司法业务文件]

天津市高级人民法院 天津市司法局

# 印发关于开展刑事案件律师辩护全覆盖工作实施办法（试行）的通知

2018年12月24日 津司发〔2018〕56号

**第一、第二、第三中级人民法院，各区人民法院（滨海新区人民法院各审判管理委员会），铁路运输法院；各区司法局，市司法局机关有关处室及直属单位，市律师协会：**

为推进以审判为中心的刑事诉讼制度改革，加强人权司法保障，促进司法公正，充分发挥律师在刑事案件审判中的辩护作用，根据《中华人民共和国刑事诉讼法》《最高人民法院司法部关于开展刑事案件律师辩护全覆盖试点工作的办法》等法律法规及有关规定，结合我市实际，市高级人民法院、市司法局制定了《关于开展刑事案件律师辩护全覆盖工作的实施办法（试行）》，现予以印发，请遵照执行。

**附：**

## 关于开展刑事案件律师辩护全覆盖工作的实施办法（试行）

**第一条** 为推进以审判为中心的刑事诉讼制度改革，加强人权司法保障，促进司法公正，充分发挥律师在刑事案件审判中的辩护作用，根据《中华人民共和国刑事诉讼法》《最高人民法院司法部关于开展刑事案件律师辩护全覆盖试点工作的办法》等法律法规及有关规定，结合我市实际，制定本实施办法。

**第二条** 被告人有权获得辩护。被告人除自己行使辩护权外，有权委托律师作为辩护人。

人民法院、司法行政机关应当保障被告人及其辩护律师依法享有的辩护权和其他诉讼权利。

**第三条** 被告人具有刑事诉讼法第三十五条、第二百七十八条规定的应当通知辩护情形，没有委托辩护人的，人民法院应当通知法律援助机构指派律师为其提供辩护。

除前款规定外，其他适用普通程序审理的一审案件、二审案件、按照审判监督程序审理的案件，被告人没有委托辩护人的，人民法院应当通知法律援助机构指派律师为其提供辩护。

符合前款规定的案件，没有提出上诉的被告人和人民检察院未提出抗诉的被告人不出庭参加诉讼的，人民法院可以不再通知辩护。按照审判监督程序审理的案件，可以只对再审的原审被告人通知辩护。

对于刑事附带民事案件，法律援助机构指派的律师应当同时代理被告人的附带民事诉讼。

**第四条** 适用简易程序、速裁程序审理的案件，被告人没有辩护人的，人民法院应当通知法律援助机构派驻的值班律师为其提供法律帮助。

在法律援助机构指派的律师或者被告人委托的律师为被告人提供辩护前，被告人及其近亲属可以提出法律帮助请求，人民法院应当通知法律援助机构派驻的值班律师为其提供法律帮助。

**第五条** 人民法院自受理案件之日起三日内，应当告知被告人有权委托辩护人以及获得值班律师的法律帮助。人民法院决定再审的案件，应当自决定再审之日起三日内履行告知职责。

被告人具有本实施办法第三条规定情形的，人民法院应当告知其如果不委托辩护人，将通知法律援助机构指派律师为其提供辩护。属于本实施办法第三条第二款规定的情形，被告人坚持自己辩护，拒绝法律援助机构指派律师为其辩护的，人民法院可以不再通知辩护。

告知可以采取口头或者书面形式，告知的内容应当易于被告人理解。口头告知的，应当制作笔录，由被告人签名；书面告知的，应当将送达回执入卷。

**第六条** 人民法院通知辩护的，应当将通知辩护公函以及起诉书、判决书、抗诉书、申诉立案通知书副本或者复印件送交法律援助机构。

通知辩护公函应当载明被告人的姓名、指控的罪名、羁押场所、通知辩护的理由、需要翻译的语种（含手语）、办案人员已聘请的翻译人员姓名及联系方式、审判人员姓名和联系方式等；已确定开庭审理的，通知辩护公函应当载明开庭的时间、地点。被告人未被羁押的，还应当注明被告人的住所和联系方式。

一个案件中有多个被告人需要通知辩护的，人民法院应当按照需要通知辩护的被告人人数向法律援助机构送交法律文书。

人民法院与法律援助机构、律师之间的通知、告知等，可以先行通过电话、传真、手机短信、微信等便捷方式发送，但应制作笔录，并于三日内补寄书面文本。

**第七条** 法律援助机构应当自收到通知辩护公函或者作出给予法律援助决定之日起三日内，确定承办律师事务所和律师并函告人民法院。

法律援助机构出具的法律援助公函应当载明法律援助机构工作人员的姓名、联系方式和辩护律师的姓名、所属单位及联系方式。

人民法院通知辩护公函内容不齐全或者通知辩护材料不齐全的，法律援助机构应当商请人民法院予以补充；人民法院未在开庭十五日前将本实施办法第六条第一款规定的材料补充齐全，可能影响辩护律师履行职责的，法律援助机构可以商请人民法院变更开庭日期。

**第八条** 对于可能判处无期徒刑、死刑的案件，法律援助机构应当指派具有三年以上刑事辩护执业经历的律师担任辩护人。

对于未成年人刑事案件，法律援助机构应当指派熟悉未成年人身心特点的律师担任辩护人。

**第九条** 被告人拒绝法律援助机构指派的律师辩护的，承办律师应当及时告知人民法院和法律援助机构。

按照本实施办法第三条第一款规定应当通知辩护的案件，被告人拒绝法律援助机构指派的律师为其辩护的，人民法院应当查明拒绝的原因，有正当理由的，应当准许，同时告知被告人需另行委托辩护人。被告人未另行委托辩护人的，人民法院应当及时通知法律援助机构另行指派律师为其提供辩护。

按照本实施办法第三条第二款规定应当通知辩护的案件，被告人坚持自己辩护，拒绝法律援助机构指派的律师为其辩护，人民法院准许的，法律援助机构应当作出终止法律援助的决定；对于有正当理由要求更换律师的，法律援助机构应当另行指派律师为其提供辩护。

**第十条** 人民法院向法律援助机构送交通知辩护公函后，发现被告人又委托辩护人的，应当及时通知法律援助机构和承办律师，由法律援助机构终止法律援助。

法律援助机构为被告人指派辩护律师后，被指派的律师发现被告人又自行委托辩护人的，应当立即通知人民法院。人民法院经核实属实的，应当书面通知法律援助机构，由法律援助机构终止法律援助。

庭审后被告人又自行委托辩护人的，人民法院可以不再开庭审理，被委托的辩护人应当及时提交书面辩护意见。

对于终止法律援助的案件，被告人又解除委托辩护的，除被告人具有刑事诉讼法第三十五条、第二百七十八条规定的应当通知辩护的情形外，人民法院原则上不再通知法律援助机构为被告人指派辩护律师。

对于终止法律援助的案件，法律援助机构根据实际情况，视情酌减法律援助补贴。

**第十一条** 第二审人民法院发现第一审人民法院未履行通知辩护职责，导致被告人在审判期间未获得律师辩护的，应当认定符合刑事诉讼法第二百三十八条第三项规定的情形，裁定撤销原判，发回原审人民法院重新审判。

人民法院未履行通知辩护职责，或者法律援助机构未履行指派律师等职责，导致被告人审判期间未获得律师辩护的，依法追究承办人及相关工作人员的责任。

**第十二条** 司法行政机关应当按照政治素质高、业务能力和责任心强、具备一定刑事案件办理经验的标准，建立刑事法律援助律师库；建立对刑事法律援助律师库的动态管理机制，加强对入库律师的考核，将不称职的入库律师及时移出刑事法律援助律师库，并根据实际需要适时增补符合条件的律师入库。法律援助机构从刑事法律援助律师库中指派律师承办刑事法律援助案件。

本区律师资源不能满足工作开展需要的，区司法局可以申请市司法局或者商请律师资源充足的区司法局给予必要支持。

**第十三条** 建立多层次经费保障机制，加强法律援助经费保障，确保开展刑事案件律师辩护全覆盖工作需要。

司法行政机关协调财政部门根据律师承办刑事案件成本、基本劳务费用、服务质量、案件难易程度等因素，合理确定办案补贴标准，实现律师办案补贴动态调整，并足额支付。

司法行政机关应当对刑事法律援助经费予以优先保障。有条件的区可以开展政府购买法律援助服务。

**第十四条** 司法行政机关、律师协会应当鼓励和支持律师开展刑事辩护业务，组织资深骨干律师办理刑事法律援助案件，发挥优秀律师在刑事辩护领域的示范作用，组织刑事辩护专项业务培训，开展优秀刑事辩护律师评选表彰活动，推荐优秀刑事辩护律师公开选拔为立法工作者、法官、检察官，建立律师开展刑事辩护业务激励机制，充分调动律师参与刑事辩护工作积极性。

**第十五条** 人民法院应当依法保障辩护律师的知情权、申请权、申诉权，以及会见、阅卷、收集证据和发问、质证、辩论等方面的执业权利。

人民法院、司法行政机关和律师协会应当建立健全维护律师执业权利快速处置机制，畅通律师维护执业权利救济渠道，及时反馈调查处理结果，切实提高维护律师执业权利的及时性和有效性，保障律师执业权利不受侵害。

**第十六条** 刑事法律援助案件律师应当会见被告人并制作会见笔录，应当阅卷并复制主要案卷材料。

对于人民法院开庭审理的案件，辩护律师应当自休庭之日起五日内向人民法院提交书面辩护意见。对于人民法院不开庭审理的案件，辩护律师应当自收到人民法院不开庭通知之日起十日内向人民法院提交书面辩护意见。

**第十七条** 刑事法律援助律师不得拖延、懈怠履行或者擅自停止履行法律援助职责，或者未经律师事务所、法律援助机构同意，擅自将法律援助案件转交其他人员办理。

法律援助案件承办律师、值班律师不得收受被告人及其亲属等的财物，不得利用职务便利主动招揽案源、介绍律师有偿服务及实施其他违反法律援助工作纪律的行为。

**第十八条** 法律援助机构不得指派同一律师事务所不同律师同时担任共同犯罪两个或两个以上被告人的辩护人。律师事务所应当对被指派案件进行利益冲突审查，发现具有上述情形的应当及时通知法律援助机构，由法律援助机构另行指派其他律师事务所承办案件。

**第十九条** 司法行政机关和律师协会应当对律师事务所、律师开展刑事辩护业务进行指导监督，并根据律师事务所、律师履行法律援助义务情况实施奖励和惩戒。

法律援助机构、律师事务所应当对辩护律师开展刑事辩护活动进行指导监督，促进辩护律师依法履行辩护职责。

人民法院在案件办理过程中发现辩护律师有违法或者违反职业道德、执业纪律的行为，应当及时向司法行政机关、律师协会提出司法建议，并固定移交相关证据材料，提供必要的协助。司法行政机关、律师协会核查后，应当将结果及时通报人民法院。

**第二十条** 人民法院、司法行政机关应当加强协调，做好值班律师、委托辩护要求转达、通知辩护等方面的衔接工作，依托刑事法律援助工作联席会议，及时沟通情况，协调解决问题，促进刑事案件律师辩护全覆盖工作有效开展。

**第二十一条** 办理刑事案件，本实施办法有规定的，按照本实施办法执行；本实施办法没有规定的，按照《中华人民共和国刑事诉讼法》《中华人民共和国律师法》《最高人民法院关于适用〈中华人民共和国刑事诉讼法〉的解释》《法律援助条例》《办理法律援助案件程序规定》《关于刑事诉讼法律援助工作的规定》《关于依法保障律师执业权利的规定》《关于开展刑事案件律师辩护全覆盖试点工作的办法》等法律法规、司法解释、规章和规范性文件执行。

**第二十二条** 单位犯罪刑事案件，参照本实施办法执行。

**第二十三条** 本实施办法自 2019 年 1 月 15 日起施行。

福建省高级人民法院　福建省人民检察院　福建省公安厅

# 办理黑社会性质组织犯罪案件的证据指引

2018年6月12日　　闽公综〔2018〕128号

为进一步规范黑社会性质组织犯罪案件证明标准，统一执法理念，确保黑社会性质组织犯罪案件的办案质量、办案效果，根据相关法律规定，结合黑社会性质组织犯罪案件的司法实践，制定本指引。

## 一、基本原则

各级人民法院、人民检察院、公安机关要坚持依法办案、坚持法定标准、坚持以审判为中心，加强法律监督，强化程序意识和证据意识，严格落实罪刑法定、疑罪从无、证据裁判、非法证据排除、程序公正等法律原则，统一执法标准，确保办案质量和办案效率的统一。

（一）证据裁判原则。各级人民法院、人民检察院、公安机关要将证据作为事实裁判的根据，无论是定罪事实还是量刑事实，都必须以按程序查证属实且符合法定证明标准的证据作为认定根据。在对涉案财产进行处置时，也同样要有相应的证据证明其来源、性质和权属，确保将每一起案件都办成铁案。

（二）全面客观的原则。各级人民法院、人民检察院、公安机关要全面客观收集、移送、审查与定罪量刑有关的所有证据材料，不得选择性取证、选择性移送证据、选择性运用证据，确保依法精准严惩黑社会性质组织犯罪，确保无罪的人不受刑事追究。

（三）依法规范原则。各级人民法院、人民检察院、公安机关要按照裁判的要求和标准，科学规范地收集、固定、审查、判断和运用证据，严禁非法取证，确保证据的合法性、客观性、有效性。

（四）权利保障原则。各级人民法院、人民检察院、公安机关要充分保障当事人的合法权益和各项诉讼权利，充分保障律师在办理黑恶势力犯罪案件辩护代理工作中的各项执业权利，确保司法公正。

## 二、办案的一般思路

黑社会性质组织罪应当同时具备“组织特征”、“经济特征”、“行为特征”、“危害性特征”四个特征。办案人员在办理黑社会性质组织犯罪中，要紧扣“四个特征”，以组织人员、层级分工、纪律规矩、经济来源、支配使用、行为表现、控制影响等七要素为线索，全面构建黑社会性质组织犯罪的证据体系。

（一）树立全面联系的办案思路。坚持“四个特征 + 个案事实 + 关联性 = 涉黑案件”的开放性辩证思维，坚决摒弃“个案事实 + 就案办案 + 组织结构 = 涉黑案件”的闭合性机械思维。在办理黑社会性质组织犯罪案件中，不仅要关注具体的违法犯罪行为的证据，更要注重通过对具体违法犯罪行为动机、原因、参与人员及各成员在共同犯罪中的地位作用等事实证据的收集、分析，在具体违法犯罪行为与组织之间建立密切联系，巩固和完善“四个特征”的相关证据，从而全面、准确认定黑社会性质组织犯罪。

（二）贯彻同步取证的原则。黑社会性质组织犯罪不同于普通刑事犯罪，既要收集、固定具体犯罪行为的证据，还要收集认定该组织具有“四个特征”的证据，二者不能偏废。同时，黑社会性质组织犯罪言词证据比重大，各办案机关在重视口供、被害人陈述、证言、鉴定意见等主观性证据收集、审查的同时，更要重视物证、书证、视听资料、电子数据等客观性证据的提取、固定、审查，从而以完整的证据体系来还原黑社会性质组织原貌。

（三）强化整体和细节并重的意识。黑社会性质组织犯罪是通过多次有组织的违法犯罪行为来增强组织能力、攫取经济利益、扩大组织影响、形成与合法社会相对抗的力量，而一系列的有组织的违法犯罪事实见证着组织的形成、发展和壮大。收集证据时，要及时锁定重要、明显、较有影响的大事，善于挖掘细微、隐蔽、看似无关的小事；全面梳理授意、指使、怂恿的行为，系统链接为组织利益而一贯实施的行为；充分凸显坐大成势的标志性事件，紧密关联形成发展的非标志性事件，将全部事实分解为具体细节固定下来，避免忽视或者遗漏关键证据，形成一个环环相扣的证据锁链。

## 三、“组织特征”的内涵及取证重点

黑社会性质组织的组织特征是指形成较稳定的犯罪组织，人数较多，有明确的组织者、领导者，骨干成员基本固定。认定黑社会性质组织“组织特征”，应从稳定性、规模性、层级性和纪律性四个方面来把握。

### （一）组织稳定性的内涵及取证重点

黑社会性质组织的稳定性，是指黑社会性质组织是长期在一定地域内有组织地从事犯罪活动以获取经济利益并形成非法控制力的稳定组织，成员与组织之间形成较强的依附关系。包括以下三个方面：一是稳定的势力。恶势力团伙发展坐大，一般在短时间内难以形成，有一个发展过程，逐渐纠集成员形成称霸一方的黑社会性质组织，其势力在其发展过程中不断得到加强，较为稳定地存在于一定的区域或行业。“恶势力”团伙和犯罪集团向黑社会性质组织的渐进发展过程，往往没有明显的性质转变的节点。二是稳定的骨干。在发展坐大的过程中，其骨干成员相对固定。黑社会性质组织的发展坐大过程有一个动态的过程，关键在于组织的核心成员保持相对的稳定。但这种稳定只可能是相对的稳定，黑社会性质组织有多个骨干成员的，部分骨干成员变动不影响黑社会性质组织的稳定性。三是连续的犯罪。在坐大成势的过程中连续地实施各种违法犯罪行为。黑社会性质组织从本质上是一种犯罪组织，企图以其强势地位在一定区域或行业内建立起由其控制下的非法秩序，从而打破社会的法律秩序。

黑社会性质组织稳定性的取证重点为：

1. 证实形成组织时的相关证据。包括组织成立时间、地点、原因、经过、组织活动宗旨、重大经营举措等证据。应当及时分析案情，有意识地讯问犯罪嫌疑人是什么时候或什么事件使他们名气在当地确立起来。有明确的形成时间的，要注重收集该相关证据；没有明确形成时间的，要注重收集标志性事件的时间证据，如组织举行成立仪式或进行类似活动；没有标志性事件的，注重收集该组织首次共同实施该组织犯罪活动的时间证据。

2. 涉黑犯罪组织坐大成势的过程。应当了解犯罪组织的成员如何加入该犯罪组织，包括加入组织的时间、加入组织的原因、加入组织有无规矩或仪式等，查证犯罪组织的纠集过程，通过细节事实将黑社会性质组织作为犯罪组织的本质体现出来。

3. 组织内部的身份认同感以及形成过程。在黑社会性质组织内部，跟谁在混社会，组织中谁是“老大”，谁是与老大关系密切的骨干，谁是一般的“小弟”、“马仔”，这种对于组织及其内部等级身份的认同感是明确的。查清组织内部身份认同感的目的，是为了确认该犯罪组织的首要分子和骨干成员。

4. 定期或者不定期地组织召开会议或者聚会的证据。

5. 有相对固定的活动场所。包括有进行主要管理活动的场所、经营场所、组织成员主要聚集场所、藏匿犯罪工具、赃款、赃物或者其他财物的场所等证据。

6. 作案工具的购买、日常保管和使用情况。黑社会性质组织在坐大成势的过程中通常需要通过实施一系列的违法犯罪行为以确立其在特定区域内的地位，为此会准备一些刀具或者枪支等武器随身携带，或者藏在住处等特定场所，以备实施其他违法犯罪行为时所用。因此，侦查取证时要问清该组织平时准备作案工具，以及作案工具的购买、日常保管、使用情况，重点记清购买作案工具的目的。

### （二）组织规模性的内涵及取证重点

黑社会性质组织的规模性，是指黑社会性质组织的成员较多，但一个黑社会性质组织需要多少人数才能构成，刑法并未明确规定。其组织的人数原则上应比普通犯罪集团的标准高，但不宜“一刀切”。

黑社会性质组织规模性的取证重点为：

要查清黑社会性质组织的组织成员及其隶属关系。通过讯问，了解该组织成员都有哪些人，详细了解这些人的真实姓名、绰号、性别、年龄、职业、住址、前科劣迹等，对于犯罪嫌疑人记忆不清楚或者只知绰号的人员，应当问清楚该人体貌特征、绰号等信息，并通过组织辨认等方式，确定组织成员的真实身份信息。

### （三）组织层级性的内涵及取证重点

黑社会性质组织的层级性，是指组织内部结构清晰明确、层级分明，按照不同地位、作用和分工划分为不同等级。一般而言，黑社会性质组织的层次结构呈现为塔形，但不限于此。组织的层次具体包括首要分子、骨干成员、其他积极参加者和一般参加者。

1. 首要分子（组织者、领导者）。即黑社会性质组织的组织者、领导者，是黑社会性质组织的发起者、创建者，或者在组织中实际处于领导地位，对整个组织及其运行、活动起着决策、指挥、协调、管理作用的犯罪分子。首要分子是黑社会性质组织的核心，处于组织的最高层，是组织生存发展的关键。

2. 积极参加者。即指多次积极参与黑社会性质组织的违法犯罪活动，或者积极参与较严重的黑社会性质组织的犯罪活动且作用突出，以及其他在组织中起重要作用的，如具体主管黑社会性质组织的财务、人员管理等事项的人员。其中的骨干成员，是指直接听命于组织者、领导者，并多次指挥或积极参与实施有组织的违法犯罪活动或者其他长时间在犯罪组织中起重要作用的犯罪分子，属于积极参加者的一部分。

3. 一般参加者（其他参加者）。即指接受黑社会性质组织的领导和管理，但没有积极参加该组织的违法犯罪活动，也没有在组织中起到重要作用的犯罪分子。他们处于黑社会性质组织的最底层，在违法犯罪活动中所起的作用较小，多为从犯或帮助犯。凡是与黑社会性质组织骨干分子共同多次以该组织名义实施违法犯罪活动的，或是自觉听命于该组织并多次参加违法犯罪活动的，或是多次自发参加该组织的违法犯罪活动的，都应视为参加者。但受蒙蔽、胁迫参加黑社会性质组织的，情节轻微的，可以不作为犯罪处理。

黑社会性质组织层级性的取证重点为：

1. 证明该组织有明确的组织者、领导者或者幕后操纵、策划、指挥者的证据；

2. 证明该组织人数较多，且有相对固定的骨干成员的证据。查清黑社会性质组织的成员，通过讯问，了解该组织成员的人员组成情况，每一成员的具体情况，并通过组织辨认等方式确定每一组织成员的真实身份信息；

3. 证明该组织成员组织、领导、参加该组织的动机、目的等方面的证据。主要包括行为人出于称王称霸、相互攀比等动机，为了攫取金钱、获取权利或称霸一方的目的，以该组织为依托，采用暴力等手段，或者利用国家工作人员的包庇、纵容，组织、策划、指挥、参加多次违法犯罪活动，大肆攫取金钱，获取权力，为害一方的主观心态的证据；

4. 证明该组织内部层级结构及成员间的隶属关系、相互关系以及该组织决策形成、指令下达、行为实施情况等方面的证据；

5. 证明组织成员在组织内部的任职情况及其分工等方面的证据。主要包括证明在开办公司、企业等合法行业的任职情况和在“黄、赌、毒”等非法行业的组织角色分工情况。

（四）组织纪律性的内涵及取证重点

黑社会性质组织的纪律性，是指用以控制和管理组织人员、维护内部等级制度以及确保成员勇于实施违法犯罪的行为规范。黑社会性质组织内部纪律具有多样性，一般会有一些约定俗成的纪律、规约，不以成文为必然形式。为了增强实施违法犯罪活动的组织性、隐蔽性而制定或者自发形成，并用以明确组织内部人员管理、职责分工、行为规范、利益分配、行动准则等事项的成文或不成文的规定、约定，均可认定为黑社会性质组织的组织纪律、活动规约。

黑社会性质组织的内部纪律主要包括帮规、纪律、约定俗成的规矩三种类型。

1. “帮规”。典型的黑社会性质组织一般有成文或者不成文的帮规。帮规对黑社会性质组织纪律的种种规定，内容虽以惩罚性的纪律为主，但是也有其他方面内容，如入伙仪式，收入上缴归帮会支配等。

2. “纪律”。纪律是帮规的主要组成部分，纪律区别于帮规主要在于是针对组织成员行为的规定。纪律一般包括行为规则和奖罚手段两方面内容。

3. “约定俗成的规矩”。规矩是作为黑社会性质组织内部纪律类型最为宽泛的规定，大致又包括“约定”的规矩和“俗成”的规矩两种类型。黑社会性质组织的约定俗成的规矩认定较难把握，必须结合案件的具体情况具体分析，大体上可以从以下五个方面把握：（1）首要分子与组织成员之间的约定；（2）组织成员对首要分子要绝对服从；（3）首要分子与组织成员间约法三章，明确禁止组织成员从事哪些行为；（4）对某种行为有相应的奖惩手段；（5）当地社会上老大带小弟的一般规矩。

黑社会性质组织纪律性的取证重点为：

1. 通过成文或者不成文的帮规、戒约或者通过毒品控制、精神控制等手段约束组织成员的行为证据。主要包括证明该组织存在帮规、戒约或规矩等的记录、书信、信息等书证，或者关于上述内容的犯罪嫌疑人供述、电子数据、证人证言等证据；

2. 对组织成员实施奖惩情况的证据。主要包括证明实施奖惩的时间、地点、参与人、经过以及被奖惩组织成员的心理变化等方面的证据；

3. 证明该组织对组织成员内部矛盾的协调，以及实施违法犯罪活动后对案件处理协调情况等方面的证据。

## 四、“经济特征”的内涵及取证重点

黑社会性质组织的经济特征，是指有组织地通过违法犯罪活动或者其他手段获取经济利益，具有一定的经济实力，以支持该组织的活动。认定黑社会性质组织的经济特征，可以从黑社会性质组织的经济利益来源、经济利益用途和经济实力规模三个方面来把握。

### （一）经济利益来源的内涵及取证重点

黑社会性质组织的经济利益来源主要有三个方面。一是有组织地通过违法犯罪活动或其他不正当手段聚敛。二是有组织地以投资、控股、参股、合伙等方式通过合法的生产、经营活动获取。三是由组织成员提供或通过其他单位、组织、个人资助取得。无论其财产是通过非法手段聚敛，还是通过合法的方式获取，只要将其中部分或全部用于违法犯罪活动或者维系犯罪组织的生存、发展，即属于黑社会性质组织的经济利益来源。

黑社会性质组织获取经济利益的组织形式主要有两种不同类型：一是经济实体型的黑社会性质组织。此类型的犯罪组织一方面通过其组织违法犯罪形成的强势地位，为其经济实体谋取垄断经营，获取巨额非法利益，一方面用其形成的经济实力维持扩充其犯罪组织，达到称霸一方的目的。二是非经济实体型的黑社会性质组织。此类型的黑社会性质组织不以经营经济实体为依托，其经济实力主要靠首要分子的个人财力或者违法犯罪所得维持其组织的存在。

黑社会性质组织经济利益来源的取证重点为：

针对经济实体型的黑社会性质组织，要重点了解该组织的首要分子及骨干成员有无投资开办公司、企业的证据。调查公司具体情况并全面查清该黑社会性质组织及其首要分子、骨干成员所涉公司、企业的设立时间、法定代表人、股东、投资总额、公司经营概况及收益情况。针对非经济实体型的黑社会性质组织，应重点问清首要分子的收入来源，包括合法收入和非法收入。注意讯问组织的其他收入以及该犯罪组织经济来源的种类，如组织成员利用组织强势地位通过违法犯罪所得，应作为组织的收入。

1. 证明合法收入来源情况，主要包括：

（1）首要分子及骨干成员经营餐饮娱乐、物流运输、建筑、采矿、房地产等经济实体及其收入情况的证据；

（2）支撑该犯罪组织活动的公司、企业等经济实体的工商、税务登记、法人代表、股权变更、注册资本、公司规模、财产状况、盈利能力、经营时间、范围等方面的证据；

2. 证明非法收入来源情况，主要包括：

（1）通过提供非法货物或服务牟取利益方面的证据；

（2）组织非法经营的时间、地点、方式、相关人员及收入等方面的证据；

（3）依仗组织势力通过抢劫、诈骗、敲诈勒索、强迫交易、开设赌场等违法犯罪手段获取经济利益情况的证据；

（4）利用组织的社会影响为本组织或他人获取利益的证据。

（二）经济利益用途的内涵及取证重点

黑社会性质组织所获取的经济利益，主要用于豢养组织成员、维护组织稳定、壮大组织势力。通常表现在三个方面：一是豢养组织成员，维持黑社会性质组织内部关系。在豢养型关系中，首要分子出钱供养手下成员，为手下提供生活的基本费用，手下成员服从首要分子、为首要分子实施违法犯罪行为；在雇佣型关系中，首要分子以发工资等形式雇请组织成员；在笼络型关系中，黑社会性质组织的首要分子以其他方式给予骨干分子或一般参加人员经济利益。二是用于各种违法犯罪活动，获取大量非法经济利益。包括购买作案工具、提供作案经费，为受伤、死亡的组织成员提供医疗费和善后费用，为逃跑的成员提供经费，以及对在违法犯罪活动中表现突出的骨干分子、一般参加人员进行物质奖励等。三是用于培植“保护伞”，寻求非法保护。黑社会性质组织通过违法犯罪手段获取的大量非法经济利益，相当一部分通过贿赂等方式拉拢腐蚀“保护伞”，“保护伞”则通过为黑社会性质组织提供方便、干预对黑社会性质组织的查处等方式为黑社会性质组织提供保护，形成“以黑钱养黑伞”的黑色经济利益生态链。

黑社会性质组织经济利益用途的取证重点为：

1. 为组织成员发放工资、福利，提供生活、娱乐、住宿费用等方面的证据，以及为组织成员亲属提供经济资助的证据；

2. 为组织成员提供资金垫付、收益分红、投资入股等方面的证据；

3. 为实施违法犯罪活动购买作案工具、提供作案经费等方面的证据；

4. 为被采取刑事强制措施或追究刑事责任的组织成员提供生活费或精神抚慰金，资助在逃组织人员等方面的证据；

5. 为受伤、死亡的组织成员提供医疗费、丧葬费等方面的证据；

6. 为逃避公安机关打击而逃跑、躲藏的黑社会性质组织成员提供费用的证据；

7. 为拉拢腐蚀国家工作人员而主动为其休闲娱乐消费等活动提供场所或者支付费用的证据；

8. 向国家工作人员行贿以及国家机关工作人员包庇、纵容黑社会性质组织的证据；

9. 以其他方式拉拢腐蚀国家工作人员的证据。

### （三）经济实力规模的内涵及取证重点

不同地区的经济发展水平、不同行业的利润空间存在很大差异，黑社会性质组织存在、发展的时间各有不同，因此，在办案时不能一般性地要求黑社会性质组织所具有的经济实力必须达到特定规模或特定数额。

黑社会性质组织有组织地通过违法犯罪活动或者其他手段获得一定数量的经济利益，应当认定为“具有一定的经济实力”，同时包括调动一定规模的经济资源用以支持该组织活动的能力。通过上述方式获取的经济利益，即使是由部分组织成员个人掌控，也应计入黑社会性质组织的“经济实力”。组织成员主动将个人或者家庭资产中的一部分用于支持该组织活动，其个人或者家庭资产可全部计入“一定的经济实力”，但数额明显较小或者仅提供动产、不动产使用权的除外。

黑社会性质组织经济实力规模的取证重点为：

1. 有组织地通过违法犯罪活动或者其他手段获得一定数量的经济利益的证据；

2. 黑社会性质组织能够独立管理和使用及首要分子个人或其掌控的企业拥有的财富数量和规模的证据；

3. 调动一定规模、相对独立的经济资源用以支持该组织生存、发展及活动的证据；

4. 组织成员主动将个人或者家庭资产中的一部分用于支持该组织活动的证据。

## 五、“行为特征”的内涵及取证重点

黑社会性质组织的行为特征，是指以暴力、威胁或者其他手段，有组织地多次进行违法犯罪活动，为非作恶，欺压、残害群众。认定黑社会性质组织的行为特征，应当从行为暴力性、行为组织性两个方面来把握。

（一）行为暴力性的内涵及取证重点

黑社会性质组织实施的违法犯罪活动包括暴力和非暴力性的违法犯罪活动，但暴力或以暴力相威胁始终是黑社会性质组织实施违法犯罪活动的基本手段，并随时可能付诸实施。暴力、威胁色彩虽不明显，但实际是以组织的势力、影响和犯罪能力为依托，以暴力、威胁的现实可能性为基础，足以使他人产生恐惧、恐慌进而形成心理强制或者足以影响、限制人身自由、危及人身财产安全或者影响正常生产、工作、生活的手段，属于《刑法》第二百九十四条第五款第（三）项中的“其他手段”，包括但不限于所谓的“谈判”“协商”“调解”以及滋扰、纠缠、哄闹、聚众造势等手段。

黑社会性质组织暴力、威胁手段的使用，主要表现在对外方面。通常由专门的打手、杀手以管制刀具、枪械等器具来实施，具有疯狂性和残暴性的特点，并借此帮助黑社会性质组织获取非法经济利益。但实践中，还存在该组织对内方面的暴力、威胁，是黑社会性质组织维持组织内部秩序和纪律的手段，即以暴力手段直接侵害他人的人身、财产安全或以暴力相威胁，从而达到对他人形成心理强制或威慑的效果。

黑社会性质组织行为暴力性的取证重点为：

1. 证明“硬暴力”行为的证据。硬暴力主要集中在故意伤害、寻衅滋事、敲诈勒索、聚众斗殴、非法持有枪支弹药、非法拘禁、抢劫等行为。侦查取证，应注重挖掘犯罪行为与黑社会性质组织的本质联系，查找受到黑社会性质组织侵害的被害人及其他知情群众，查清犯罪组织所准备的或实施暴力犯罪使用的枪支、管制刀具等作案工具以及作案工具的购买、日常保管、使用情况，有记录犯罪行为的视频监控录像也应注意提取。

2. 证明“软暴力”行为的证据。“软暴力”具有隐蔽性的特点，往往是通过言语、行为的软暴力手段来骚扰被害者，利用组织势力和影响对他人形成心理强制或威慑的情况下，进行所谓的“谈判”、“协商”、“调解”以及滋扰、哄闹、聚众造势等干扰、破坏正常经济、社会生活秩序行为的证据。应通过讯问犯罪嫌疑人、询问被害人及证人，着重询问是否因为犯罪组织的滋扰、威胁等行为造成心理恐惧而屈服于该犯罪组织。注意收集公安机关多次出警的书证材料以及治安案件处理情况等证据材料。

（二）行为组织性的内涵及取证重点

违法犯罪行为是否具有组织性，应当从是否代表组织意志、是否使用组织名义、是否维护组织利益等方面综合判断。一般具有两个特点：一是犯罪行为系为“组织”利益而实施。黑社会性质组织犯罪，都是为确立、维护、扩大组织的势力、影响、利益或者按照纪律规约、组织惯例而实施的。二是犯罪行为系由“组织”领导指挥或认可默许。黑社会性质组织违法犯罪行为，具有违法犯罪行为与黑社会性质组织之间的本质联系。侦查取证中要重点围绕谁策划、组织、指挥、实施了相关的犯罪行为，以及在实施犯罪行为前后是否向首要分子、骨干成员汇报等事实展开调查取证。对于首要分子组织实施的违法犯罪行为，要注意将组织实施过程调查清楚；对于那些并非由首要分子组织实施的违法犯罪行为，要注意查清组织成员在实施相关违法犯罪活动之前有没有向首要分子或者骨干分子请示、事后有没有向首要分子汇报、是否得到许可或者默许等等。

黑社会性质组织行为组织性的取证重点为：

1. 多次实施违法犯罪活动的证据

（1）具体犯罪行为按个案、个罪的证据标准收集固定审查判断证据；

（2）收集多次违法犯罪活动中违法犯罪行为具有多样性、关联性等方面的证据。

2. 违法犯罪活动组织性的证据

（1）证明系按照该组织的纪律规约、组织惯例实施的证据；

（2）实施违法犯罪活动动机和目的证据；

（3）证明系为该组织争夺势力范围、打击竞争对手、形成强势地位、谋取经济利益、树立非法权威、扩大非法影响、寻求非法保护、增强犯罪能力等实施的证据；

（4）实施违法犯罪活动事前谋划、事中请示、事后追认或默许等情况的证据；

（5）证明系组织者、领导者直接组织、策划、指挥、参与实施的证据；

（6）证明系由组织成员以组织名义实施，并得到组织者、领导者认可或者默许的证据；

（7）证明系多名组织成员为逞强争霸、插手纠纷、报复他人、替人行凶、非法敛财而共同实施，并得到组织者、领导者认可或者默许的证据。

## 六、"危害性特征"的内涵及取证重点

黑社会性质组织的危害性特征，是指通过实施违法犯罪活动或者利用国家工作人员的包庇或纵容，称霸一方，在一定区域或者行业内，形成非法控制或者重大影响，严重破坏经济、社会生活秩序。危害性特征是黑社会性质组织的本质特征，也是黑社会性质组织区别于一般犯罪集团的关键所在。可以从"保护伞""称霸一方""形成非法控制或者严重影响"三个方面来把握。

### （一）"保护伞"的内涵及取证重点

黑社会性质组织培植"保护伞"或者向国家政权渗透，目的都是为了使该组织及其成员得到非法保护。在侦查讯问过程中，要注意查清这一动机和目的，问清黑社会性质组织有无获得国家工作人员的包庇或纵容。

黑社会性质组织"保护伞"的取证重点为：

1，证明培植"保护伞"的证据。以行贿等手段拉拢控制国家工作人员为其提供非法保护是黑社会性质组织寻找"代理人"的主要方式。在调查清楚黑社会性质组织"保护伞"构成的基本情况之后，要重点调查首要分子通过"保护伞"帮助解决的具体问题，重点针对首要分子与"保护伞"交往的目的和"保护伞"包庇、纵容黑社会性质组织的具体事实。对获得国家工作人员包庇或者纵容的，应当提取国家工作人员的身份材料及讯问笔录。

2. 证明向国家政权渗透的证据。一些黑社会性质组织的首要分子，积累较为雄厚的经济实力并获得"保护伞"保护之后，开始积极向国家政权渗透，谋求政治资本，进而推动黑社会性质组织的进一步壮大。侦查过程中，应注意对黑社会性质组织首要分子的政治身份以及获得这些政治身份的过程进行调查取证。应当提取黑社会性质组织成员的人大代表、政协委员或者国家工作人员身份材料或证明材料。

### （二）"称霸一方"的内涵及取证重点

形成"称霸一方"的强势地位的情形有：

1. 争夺势力范围的逞强争霸。黑社会性质组织在当地确立称霸一方的地位必然会与其他黑恶势力发生冲突，能够在当地逞强称霸，足以表明其已经形成强势地位。表现为不同帮派的聚众斗殴、故意伤害等。

2. 在一定区域内具有较高的知名度。黑社会性质组织是否在当地社会上形成恶名，是该犯罪组织是否形成势力的重要表现。黑社会性质组织形成社会

恶名，使得该犯罪组织能够为一定区域或行业内的人们所认知，具有一定的公开性。

3. 非法插手民间纠纷。黑社会性质组织大多介入了社会各层面的纠纷或为他人充当打手，主要表现有为他人逼讨债务、为他人摆场、为他人看场等等。因此，从查证黑社会性质组织介入社会各层面纠纷和利益的广度和深度，可以证明该犯罪组织形成强势地位。

4. 非法干预社会管理。黑社会性质组织在一定区域或行业内形成强势地位后，必然干预社会管理，使得原本是政府职能部门管理的事务，由于黑恶势力的介入而难以管理或者加重了群众的负担，典型的如收取“保护费”。

5. 侵蚀基层政权。敢于侵蚀基层政权的黑社会性质组织，足以证明其已经形成了强势地位，其侵蚀基层政权的主要表现形式为介入基层选举。

黑社会性质组织“称霸一方”的取证重点为：

1. 与其他黑恶团伙逞强争霸的证据。

2. 多次公然使用枪支、刀具等作案，对群众形成心理强制，造成群众心理恐慌、安全感下降，致使合法利益受损的群众不敢举报、控告的证据。

对群众形成“心理强制”的侦查取证，应从以下方面来展开。

一是围绕黑社会性质组织自我认知的势力范围、社会地位、名气等问题展开调查取证。其中包括“组织”成员的自我认知。黑社会性质组织经常性地在一定区域内进行暴力违法犯罪行为的目的通常是为了树立在当地的名气，从而对当地群众形成心理强制效果。在侦查中要查清黑社会性质组织成员在公共场所进行打架斗殴等违法犯罪行为的动机和目的。

二是围绕被害人及周围群众来展开。其中包括“一定区域”群众的认知。侦查取证过程中，应通过调查访问，询问被害人、知情证人，了解该黑社会性质组织在当地是否已经形成势力，是否对该黑社会性质组织心存恐惧，特别应注意一些具体的细节，如被害人受到侵害后不敢报案、离家躲避、不敢经营、受到报复等等。

3. 采用暴力、威胁手段或者利用其强势地位，多次介入当地各层面的纠纷处理或重大利益分配的证据。如多次代人强立债权、强索债务、插手民间纠纷或经济纠纷，强收“保护费”，强行“罚款”等。

4. 对抗国家职能部门对行业或市场的正常管理，干扰或阻碍国家机关正常执法活动等的证据。

5. 以强势地位侵蚀基层政权的证据，如介入基层选举、村民选举等。

(三)"形成非法控制或者严重影响"的内涵及取证重点

通过实施违法犯罪活动，或者利用国家工作人员的包庇或不依法履行职责，放纵黑社会性质组织进行违法犯罪活动的行为，称霸一方，并具有以下情形之一的，可认定为"在一定区域或者行业内，形成非法控制或者重大影响，严重破坏经济、社会生活秩序"：(1) 致使在一定区域内生活或者在一定行业内从事生产、经营的多名群众，合法利益遭受犯罪或严重违法活动侵害后，不敢通过正当途径举报、控告的；(2) 对一定行业的生产、经营形成垄断，或者对涉及一定行业的准入、经营、竞争等经济活动形成重要影响的；(3) 插手民间纠纷、经济纠纷，在相关区域或者行业内造成严重影响的；(4) 干扰、破坏他人正常生产、经营、生活，并在相关区域或者行业内造成严重影响的；(5) 干扰、破坏公司、企业、事业单位及社会团体的正常生产、经营、工作秩序，在相关区域、行业内造成严重影响，或者致使其不能正常生产、经营、工作的；(6) 多次干扰、破坏党和国家机关、行业管理部门以及村委会、居委会等基层群众自治组织的工作秩序，或者致使上述单位、组织的职能不能正常行使的；(7) 利用组织的势力、影响，帮助组织成员或他人获取政治地位，或者在党政机关、基层群众自治组织中担任一定职务的；(8) 其他形成非法控制或者重大影响，严重破坏经济、社会生活秩序的情形。

黑社会性质组织非法控制和影响的"一定区域"的大小具有相对性，不能简单地要求"一定区域"必须达到某一特定的空间范围，而应当根据具体案情，并结合黑社会性质组织对经济、社会生活秩序的危害程度加以综合分析判断。黑社会性质组织所控制和影响的行业，既包括合法行业，也包括黄、赌、毒等非法行业；并不要求及于整个行业链，可以仅限于是"一定行业"的生产、流通、交换、消费等一个或多个市场环节。

黑社会性质组织形成非法控制或者严重影响的取证重点为：

1. 形成非法控制或者严重影响，严重破坏社会生活秩序的证据。

(1) 证明采用暴力、威胁手段或者利用其强势地位，多次介入当地各层面的纠纷处理或重大利益分配，如多次代人强立债权、强索债务、插手民间纠纷或经济纠纷，强收"保护费"，强行"罚款"，干扰或阻碍国家机关正常执法活动的证据；

(2) 证明致使在一定区域内生活或者在一定行业内从事生产、经营的多名群众，合法利益遭受犯罪或严重违法活动侵害后，不敢通过正当途径举报、控告的证据；

（3）证明严重侵害群众利益、造成严重后果，如引发群众上访、流离失所、多人受伤或者死亡、多人被非法拘禁、造成重大财产损失等的证据；

（4）证明干扰、破坏他人正常生产、经营、生活，并在相关区域或者行业内造成严重影响的证据；

（5）证明干扰、破坏公司、企业、事业单位及社会团体的正常生产、经营、工作秩序，在相关区域、行业内造成严重影响，或者致使其不能正常生产、经营、工作的证据；

（6）证明多次干扰、破坏党和国家机关、行业管理部门以及村委会、居委会等基层群众自治组织的工作秩序，或者致使上述单位、组织的职能不能正常行使的证据；

（7）证明利用组织的势力、影响，帮助组织成员或他人获取政治地位，或者在党政机关、基层群众自治组织中担任一定职务的证据；

（8）证明黑社会性质组织多次实施暴力犯罪、严重影响社会治安秩序的，应收集公安机关多次出警的书证材料，证明该犯罪组织对当地社会生活秩序的影响程度。

2. 形成非法控制或者严重影响，严重破坏社会经济秩序的证据。

（1）证明造成国家或集体的财产重大损失，严重破坏国家利益或集体利益的证据；

（2）证明对一定行业的生产、生活资料和流通领域形成非法垄断，或者对涉及一定行业的准入、经营、竞争等经济活动造成重要影响的证据；

（3）证明插手民间纠纷、经济纠纷，在相关区域或者行业内造成严重影响的证据；

（4）证明黑社会性质组织对一定行业形成非法控制或重大影响，侵害同业者的利益，影响市场正常有序地发展的证据。应当向直接的被害者取证，向其他利益相关的经营主体取证。通过评估、鉴定、审计等手段，调查核实被害人所遭受的直接经济损失情况；

（5）证明长期操纵色情、赌博、高利贷、毒品及其他非法行业，获取非法利益的证据；

（6）证明其他形成非法控制或者重大影响，严重破坏经济秩序的证据。

[司法实务问题研究]

# 深圳鹦鹉案引发的刑事审判思考

## ——兼议审理破坏野生动物资源刑事案件司法解释之修订

霍　颖*

所谓深圳鹦鹉案，是指深圳男子王某因养殖、出售47只国家重点保护的珍贵、濒危的鹦鹉被判处非法出售珍贵、濒危野生动物罪的案件。2016年5月，深圳男子王某因涉嫌“非法出售珍贵、濒危野生动物及其制品罪”被深圳警方刑事拘留。调查认定，王某售出给他人的6只鹦鹉中，有2只为小金太阳鹦鹉，学名绿颊锥尾鹦鹉，属于受保护鹦鹉。随后，警方对王某家进行了搜查，共查获鹦鹉45只，包括35只小太阳鹦鹉，9只和尚鹦鹉、1只非洲灰鹦鹉，均属于被列入《濒危野生动植物种国际贸易公约》的受保护动物。据此，深圳市宝安区人民法院于2017年以犯非法出售珍贵、濒危野生动物罪判处王某有期徒刑5年，并处罚金3000元。一审宣判后，王某不服上诉。2018年3月，深圳中院终审改判王某有期徒刑两年。

近日，有媒体报道，深圳鹦鹉案二审律师斯伟江向全国人大法工委提出了审查《最高人民法院关于野生动物案件相关司法解释》的建议，得到了全国人大法工委和最高人民法院的回复。人大法工委在复函中表示，已经按照《立法法》第九十九条第二款的规定研究了斯伟江的建议，将审查建议函告了最高人民法院。最高人民法院复函表示，已启动了新的野生动植物资源犯罪司法解释制定工作，拟明确规定对于涉案动物系人工繁育的要体现从宽的立场，

* 作者单位：成都市青羊区人民法院。

以实现罪责刑相适应，确保有关案件裁判法律效果和社会效果的有机统一。全国人大和最高人民法院能够与律师积极互动，及时响应律师建议，这样的态度值得肯定，但评价和修订相关司法解释却是一项严肃的工作，需要找准问题症结，权衡利弊得失，厘清修订思路，否则就有可能变成头痛医脚。

本案之所以广受社会公众关注，其中一个很重要的原因在于本案揭示出了野生动植物资源犯罪审判中两个带有共性的问题：其一，怎样准确评判破坏野生动植物资源行为的主观恶性？其二，作为裁判主要依据的《最高人民法院关于审理破坏野生动物资源刑事案件具体应用法律若干问题的解释》（法释〔2000〕37号）（以下简称《解释》），将“野生动物”与“驯养繁殖的上述物种”同等对待，是否超越《濒危野生动植物国际贸易公约》的保护标准，其规定的合理性、合法性是否存疑？厘清这两个问题，不仅对于本案意义重大，对于今后审理破坏野生动物资源刑事案件也极具指导意义。

## 一、关于破坏野生动植物资源行为的主观恶性评判

按照我国《刑法》的规定，破坏野生动植物资源犯罪均为故意犯罪。在司法实践中，如何根据刑法的规定把握犯罪故意的“明知”，对于破坏野生动植物资源犯罪的认定具有重要意义。在深圳鹦鹉案中，控辩双方围绕这个问题也展开了激烈的博弈。在一审中，辩护人提出，被告人王某的主观恶性小，社会危害性低。据媒体报道，二审中，王某辩护人更进一步提出，被告人王某因喜爱才饲养鹦鹉，并非职业出售鹦鹉的商贩，其行为对野生种群及生态并无损害。王某在网站上无法确切知道出售某种鹦鹉构成犯罪，更无从知道《解释》中人工饲养的鹦鹉与纯野生的均要入刑。不仅本案如此，笔者查阅的相关破坏野生动植物资源犯罪案件中，相当部分犯罪嫌疑人皆以“事先并不知道属于国家保护动物”为由进行辩解。的确，由于野生动植物保护是一项专业性极强的工作，普通社会公众难以对其相关规定有十分清晰明了的认知，以本案中涉及的小太阳鹦鹉、和尚鹦鹉、非洲灰鹦鹉为例，如果不是该案的广泛报道，绝大部分社会公众可能连这几种鹦鹉的名字都闻所未闻，即便是现在知道了这几种鹦鹉的名字，倘若将其与普通鹦鹉混在一起，普通人也很难辨别珍稀鹦鹉与普通鹦鹉，能准确区分并知道属于几级保护动物的人士更是寥寥无几。这种情况下，如何准确把握破坏野生动植物资源犯罪故意的“明知”，如何合理评判行为人的主观恶性，需要每一个刑事审判人员审慎应对。

### （一）缺乏违法性认识能否阻却破坏野生动植物资源犯罪成立

关于违法性认识问题，是刑法理论上一个争论已久的问题。古代法律的归责原则中，不包括违法性认识，因此有了那句著名的法谚“不知法律不免责”。时至今日，英美法系国家依然大体奉行这一原则，其中，以英国最为严格，相较于英国，美国略有松动，承认“不知法律不免责”原则存在例外情况。与英美法系国家有所不同，包括我国在内的大陆法系则以“故意”为中心展开讨论，虽然至今仍争议不断，但许多国家立法上逐渐承认违法性认识的地位，将其纳入到责任论体系之中。导致出现这一变化的原因，很大程度是因为刑法中的法定犯数量的不断增加。此类犯罪与自然犯的区别就在于，自然犯是以千百年来人类社会共同进行社会实践所形成的道德规范为基础，而法定犯则不具备维护传统伦理道德这样的基础，其主要目的在于维护现代社会秩序。对于自然犯而言，行为人即使不知道具体的刑法条文对该行为的具体定罪量刑规定，但由于身处社会之中，十分清楚地知晓某种行为在道德上是被社会所否定的，因此，一般认为自然犯不会发生不知法律的认识错误。对于法定犯而言，由于其缺乏这样的道德基础，普通人仅凭日常生活经验或者道德规范往往难以作出准确判断，因此法律认识上的错误极有可能影响其主观恶性的评判。我们不能期待每一个人都成为法律专家，因此，法律应当对行为人的违法性认识错误给予适当的宽容。

我国历史上缺乏保护野生动植物的传统，导致社会公众对破坏野生动植物资源行为的社会危害性认识不足，迄今为止，破坏野生动植物资源犯罪，依然是不折不扣的法定犯。具体到破坏野生动植物资源犯罪的刑事审判中，审判人员要查明行为人是否“因为不知法律而不能明知自己的行为会发生危害社会的结果”，还需要注意以下两个方面：第一，如何认定“不知法律”。判定行为人是否具备知晓相关法律的可能性，需要结合行为人的性别、年龄、职业、文化程度以及居住地等因素综合考量。同样以深圳鹦鹉案中的受保护鹦鹉为例，假设行为人是一名贫困山区的老人，那么，他甚至有可能不知《野生动物保护法》《刑法》为何物，不知道这些并非我国原产的鹦鹉属于保护动物，是具有较高可信度的。但是，如果行为人长期活跃于鹦鹉饲养圈子，也声称不知道这些并非我国原产的鹦鹉属于保护动物，则可信度较低。第二，如何认定“不能明知自己的行为会发生危害社会的结果”。关于这个问题，笔者认为，不需要行为人对相关的罪名和量刑有着非常精准的了解，行为人仅需要知道政府、社会对这种行为持否定性评价，就应当尽到谨慎义务，否则，就应该认定其知道行为的社会危害性。比如，近年来，各级政府大力开展禁枪禁猎宣传，某行为人知道政府禁止打猎，但对违规猎杀珍稀保护动物的后果并不十分清楚，这种情况下，就应当认定行为人已经明知其行为的社会危害性。

在深圳鹦鹉案中，王某作为一名长期活跃鹦鹉饲养圈的鹦鹉饲养爱好者，即使对相关法律法规了解不是那么明确具体，但对相关法律法规的精神大体应当是了解的。也正因他大体知道自己的行为是不为法律所允许的，所以才在沟通交流中大量使用一些替代用语。辩护人以其不能准确地掌握相关法律法规为由，主张王某存在违法阻却事由的观点是不能成立的。

### （二）法律认识错误是否应成为评判行为人主观恶性的考虑因素

正如前文所述，绝大多数情况下，法律认识错误并不能阻却犯罪构成，但是，这种情况下，法律认识错误能不能影响对行为人主观恶性的评价，并进而成为影响量刑的因素呢？笔者认为，这种可能性是存在的。深圳鹦鹉案中，由于涉案的受保护鹦鹉既非我国原产，又不像大熊猫、东北虎一样具有较高的辨识度，加之王某销售的鹦鹉系自己繁育，的确有可能像辩护人所言，行为人不知道有“人工繁育与同野生同等对待”的司法解释，这种所谓的“不明知”虽然不能阻却犯罪构成，但确实为衡量行为人的主观恶性提供了依据。我国自古就有“知法犯法罪加一等”的说法，在发生法律认识错误的情况下，行为人的主观恶性是远远低于对法律有着清晰认识的行为人的。

## 二、司法解释将“野生动物”与“驯养繁殖的上述物种”同等对待的合法性与合理性辨析

在二审中，被告人王某的辩护人将矛头指向了作为一审判罚主要依据的最高法司法解释，认为最高法的司法解释违反立法原则；与刑法相抵触，违反罪刑法定原则；违背了《濒危野生动植物种国际贸易公约》规定，提出应当对最高法司法解释进行修订，对司法解释第一条做限制性解释。那么，最高法的司法解释是否如辩护人所言，存在诸多问题呢？还需要我们逐一进行梳理。

### （一）最高法司法解释是否违背《濒危野生动植物种国际贸易公约》规定

辩护人提出，最高法的司法解释违背了《濒危野生动植物种国际贸易公约》确定的梯级保护、区别对待的规则。的确，该公约第七条第四款和第五款有这样的规定。但这是否说明最高法的司法解释违背了《濒危野生动植物

种国际贸易公约》规定呢？答案是否定的。笔者发现，该公约的第十四条第一款规定："本公约的规定将不影响成员国有权采取以下措施：1. 附录一、附录二、附录三所列物种标本的贸易、取得、占有和转运，在国内采取更加严格的措施或完全予以禁止；2. 对附录一、附录二、附录三未列入的物种标本的贸易、取得、占有和转运，在国内采取限制或禁止的措施。"也就是说，该公约成立的目的在于保护濒危野生动植物种，公约规定的内容是各缔约国必须遵守的最低限度，并不否定缔约国根据各国的实际情况采取更为严格的管控措施。具体到我国而言，由于长期历史形成的生活习惯，中国民众往往对捕猎、使用野生动物及其制品有特殊的偏好，虽然政府一直大力宣传野生动物保护的必要性，但时至今日，危害野生动植物的违法犯罪行为依然屡禁不止，这种情况下，加强对野生动植物资源的保护，不仅不违背国际公约的规定，也存在现实的必要性。

### （二）最高法司法解释是否违背立法原则

辩护人在辩护意见中提出，国际公约转化为国内法的适用，必须经过法定程序，即全国人大及其常委会通过立法的方式进行转化，其他机构无权直接将国际公约转化为国内法。林业部无权以通知的形式直接将国际公约转化为国内法，最高人民法院也无权通过司法解释直接将国际公约转化为国内法。因此认为最高人民法院的司法解释违背立法原则。对于辩护人的这个观点，笔者认为，其指出"国际公约转化为国内法适用必须经过法定程序"这一观点无疑是符合我国《立法法》要求的，但最高法的司法解释是否违反了这一规定？的确，最高法司法解释第一条就规定，"刑法第三百四十一条第一款规定的'珍贵、濒危野生动物'，包括列入国家重点保护野生动物名录的国家一、二级保护野生动物、列入《濒危野生动植物种国际贸易公约》附录一、附录二的野生动物以及驯养繁殖的上述物种。"但这一规定是具有国内法基础的。《中华人民共和国野生动物保护法》第三十五条第一款规定，中华人民共和国缔结或者参加的国际公约禁止或者限制贸易的野生动物或者其制品名录，由国家濒危物种进出口管理机构制定、调整并公布。同条第四款规定，列入本条第一款名录的野生动物，经国务院野生动物保护主管部门核准，在本法适用范围内可以按照国家重点保护的野生动物管理。可见，在《中华人民共和国野生动物保护法》修订以后（深圳鹦鹉案一审判决之前），该漏洞已经得到补正。

### （三）最高法司法解释是否违反罪刑法定原则

被告人王某的辩护人提出，刑法规定本案的犯罪对象为“珍贵、濒危野生动物”，其含义是确定的，必须是珍贵、濒危、野生的动物，不能任意扩大此概念的内涵。《动物案件解释》将野生动物解释为包括驯养繁殖在内，此种扩大解释远远超出了刑法文本中“珍贵、濒危野生动物”的概念内涵，也远远超出了国民的预期，违反了罪刑法定原则。这是本案的关键问题，也是同类案件面临的共同问题。辩护人提出的这个问题，实际上是理论界争论已久的“法官造法”问题。事实上，法官造法这一现象，在当今世界各国均普遍存在，而且还有不断扩大的趋势。之所以会出现这样的现象，主要原因还在于司法审判的过程，就是将法律的抽象规定运用于具体案件中的过程，而随着现代社会活动的日益复杂化，法律要对每一种情况都作出详尽的规定，明显是做不到的，因此，司法部门依据法律的原则对法律相关规定进行创设性的解释适用不可避免。（至于将人工驯养繁殖的动物等同于野生动物保护这样的解释是否合理，笔者将在后文论述。）由此可见，辩护人指责最高法的司法解释违背罪行法定原则，明显是站不住脚的。

### （四）最高法司法解释第一条是否应当做限制性解释

辩护人提出，最高法的司法解释将人工驯养繁殖的动物等同于野生动物保护违背了一般人的认知，第一条须作限定解释。笔者认为，辩护人的这一观点是具有一定合理性的。但如果按照辩护人的观点来进行推导，我们是不是可以认为，明天，我们就可以买个大熊猫当宠物养？因为目前的很多大熊猫都是人工饲养繁殖而来。答案无疑是否定的。到底是哪里出了问题呢？为什么鸡鸭猪狗不需要保护，而大熊猫就需要保护呢？显而易见，问题的关键不在于这个动物是野生繁育的还是人工繁育，而在于这个动物究竟是不是濒危动物。此外，关于人工繁育的野生动物究竟是不是野生动物，在实践中也存在认定上的困难，作为保护濒危野生动物的重要手段，人工繁育野生动物这一方法被广泛采用，究竟是将所有人工繁育的野生动物都排除在野生动物这一概念以外呢？还是将其子代排除在外？另外，这些人工繁育的野生动物如果不是野生动物，都归入驯养动物？如果是这样的话，人工繁育的东北虎伤人，是否应该追究繁育者的法律责任？这一系列问题都需要我们去思考。此外，迄今为止，我国社会公众对破坏野生动植物资源行为的社会危害性仍然认识不足，如果这些人工繁育的动物被排除在野生动物范畴外，无疑将对野生动物保护带来不利影响。

[新类型疑难案例选评]

# 李某云、吴某、张某韬盗窃案

闵琦媛　彭莉媛*

## 【裁判要旨】

行为人在窃取手机后，通过手机微信转走已绑定银行卡内的资金，并利用微信微粒贷功能成功申领贷款并转账的关键均在于行为人已获取并利用了窃取手机的微信支付密码。该密码不同于银行卡密码，不属于信用卡信息资料，上述行为亦未妨害到银行对信用卡的管理，均应认定为盗窃罪。

## 【案情简介】

广东省广州市越秀区人民检察院指控，2016年9月18日3时40分许，被告人李某云伙同被告人张某韬在广州市越秀区寺贝通津与达道路的交界路口附近，乘被害人王某熟睡不备之机，割开被害人王某的裤袋，并盗得其裤袋内的钱包一个（内有人民币300元及银行卡2张）、三星牌S7型手机1部，得手后携赃逃离现场。同日5时至8时许，被告人李某云、张某韬电话联系被告人吴某对盗得的三星牌S7型手机进行破解，破解后利用被害人王某手机绑定的银行卡对羊城通进行充值，共消费人民币2000元，随后再次通过被害人手机微信的微粒贷功能成功贷款人民币47000元，并将其中的人民币30000元通过转账的形式盗走。

* 作者单位：广州市越秀区人民法院。

2016年10月14日1时40分许，被告人李某云伙同被告人吴某在广州市越秀区福今路西侧路边，乘被害人温某良醉酒后在其驾驶的车辆上熟睡之机，盗走被害人温某良放在车内的三星牌S6型手机1部，得手后携赃逃离现场。后被告人李某云、吴某对盗得的三星牌S6手机进行破解，并通过转账的形式，盗走被害人温某良手机微信绑定的3张银行卡内的现金共计人民币86850元。

【审理结果】

广东省广州市越秀区人民法院于2018年2月13日作出（2017）粤0104刑初446号刑事判决：一、被告人李某云犯盗窃罪，判处有期徒刑四年，并处罚金人民币二万元。二、被告人吴某犯盗窃罪，判处有期徒刑四年，并处罚金人民币二万元。三、被告人张某韬犯盗窃罪，判处有期徒刑一年五个月，并处罚金人民币五千元。四、责令被告人李某云、吴某、张某韬于本判决发生法律效力之次日起十日内向被害人王健退赔人民币32200元；责令被告人李某云、吴某于本判决发生法律效力之次日起十日内向被害人温珍良退赔人民币86850元。五、缴获的作案工具iPhone手机一台予以没收。

宣判后，被告人李某云、吴某、张某韬均未提出上诉，判决已生效。

【裁判理由】

法院生效裁判认为，被告人李某云、吴某、张某韬以非法占有为目的，共同秘密窃取他人财物，其中被告人李某云、吴某盗窃数额巨大，被告人张某韬盗窃数额较大，其行为均已构成盗窃罪。公诉机关指控被告人李某云、吴某、张某韬犯盗窃罪的主要事实清楚，证据充分，罪名成立，本院予以支持。

［评析］

## 转移窃得手机的微信所绑定的银行卡内资金，或利用微信借贷功能成功贷款并转账的行为性质的认定

本案审理的关键在于三被告人盗窃得手机后，利用手机微信转账功能，转走已绑定银行卡内资金的行为如何定性？利用微信微粒贷功能成功贷款并转账

的行为如何定性?

## 一、利用微信转账功能，转走已绑定银行卡内资金的行为定性

本案中，三被告人盗窃得被害人手机后，即通过对手机进行破解的方式转走微信所绑定的银行卡内资金。对于该种行为如何定性，在审理过程中曾有过两种不同的意见。一种意见认为，根据《中华人民共和国刑法》第一百九十六条中“有下列情形之一，进行信用卡诈骗活动，……（三）冒用他人信用卡的；……”及《最高人民法院、最高人民检察院关于办理妨害信用卡管理刑事案件具体应用法律若干问题的解释》第五条第二款中“刑法第一百九十六条第一款第（三）项所称‘冒用他人信用卡’，包括以下情形：……（三）窃取、收买、骗取或者以其他非法方式获取他人信用卡信息资料，并通过互联网、通讯终端等使用的；……”的规定，三被告人的行为属于窃取他人绑定手机内信用卡的信息资料，通过通讯终端冒用资金所有人向银行发出指令付款，应定性为信用卡诈骗罪。另一种意见认为，本案被告人系通过破解手机解锁密码及微信支付密码的方式盗取已绑定银行卡内的资金，实质仍系秘密窃取他人财物，应定性为盗窃罪。

笔者认为三被告人的行为应构成盗窃罪，而非信用卡诈骗罪。理由如下：

1. 微信支付密码不属于信用卡信息资料

在被害人已成功绑定银行卡的状态下，三被告人再次打开微信钱包功能时，仅会显示绑定银行卡的银行名称、卡类型及卡号后四位数字，其他信息均被隐藏。此时被告人只需输入微信支付密码即可转款成功，无需输入银行卡密码，此时的微信支付密码实为资金委托管理密码，不宜认定为信用卡信息资料。

2. 转账行为未妨害金融机构对信用卡的管理

微信支付是微信公司开通的一种第三方支付平台，在用户使用微信支付时，通过输入微信支付密码指令第三方支付平台即微信公司支付，进而再由微信公司根据其与绑定银行之间的协议指令绑定银行支付。在上述过程中，被告人并未直接指令银行支付，银行不存在认识上的错误和被骗的可能性，被告人的转账行为实际妨害的系微信公司的管理秩序。

3. 转账行为与盗窃行为具有连续性

纵观全案，三被告人系趁被害人醉酒睡着在路边，窃取被害人钱包及手机，并在利用技术手段破解手机解锁密码及微信支付密码后转移钱款，此时的转账行为系盗窃手机的进一步延续，二者紧密相连，亦应综合考虑。同时，有观点认为本案可直接适用刑法第一百九十六条第三款规定“盗窃信用卡并使用的，依照本法第二百六十四条的规定定罪处罚。”但本案三被告人并无直接盗窃得被害人信用卡，且该规定本意为信用卡本身无价值，不能期待行为人盗窃得信用卡后不使用信用卡，而本案盗窃所得的手机本身是有价值的，故而盗窃行为与转移卡内钱款行为是两个行为，不能直接适用该规定。

## 二、利用微信微粒贷功能成功贷款并转账的行为定性

在本案中，三被告人的犯罪行为同时涉及现下流行的网贷平台，其三人利用盗得手机内微信的微粒贷功能成功贷款并转账的行为较前述直接转走绑定银行卡内资金的行为增加了一道中间程序。对于该种行为，笔者认为也应定性为盗窃罪。

微粒贷系我国首家互联网银行腾讯微众银行推出的线上小额信用贷款产品，该种贷款产品无需抵押和担保，仅在微信中凭姓名、身份证号码和电话号码申请即可获取借款。本案中三被告人获取款项的流程是：输入微信支付密码获取借款额度→选择贷款到账账户→输入支付密码验证身份→微粒贷将款项发放至申请人账户→输入支付密码将银行账户内资金转出。可见，被告人最终可否获取款项的关键仍在于是否能正确输入微信的支付密码。同时，贷款是先发放至被害人银行卡再被转走，贷款发放至被害人银行卡内之时起，被害人即对该笔贷款构成占有，故参照前述，被告人的行为亦应认定为盗窃罪。

## 法官后语

随着电子支付方式的发展兴起，越来越多的人选择使用微信、支付宝等第三方支付平台，通常用户手机里都会绑定多张银行卡、信用卡，通过出示随机生成的付款码即可付款成功；同时，P2P 等网贷平台打破了传统的贷款审核方式，贷款人仅需提供一些简单的身份信息资料即可获得贷款。不容忽视的是，在支付方式及消费方式愈发便捷的同时资金安全问题也愈发突出。对此，法官

建议：在使用快捷的电子支付方式时不宜绑定过多银行卡与信用卡，已绑定银行卡内不建议存放大额资金，亦不宜简单地以身份证号码、手机号码设置为支付密码。同时，信贷机构有必要进一步采用多种方式，如添加设置私密提问等加强网贷平台对于贷款者身份的认证及信用的审核。

# 吴某球、黄某德盗窃、掩饰、隐瞒犯罪所得等案

李志远　吴成杰*

## 【裁判要旨】

涉黄金首饰的收赃案件，作为当前掩饰、隐瞒犯罪所得犯罪的主要类型，在对收赃人主观明知的认定上，除了结合被告人自身的认知水平、交易价格是否明显低于市场价值、赃物交易时间和地点是否异常等传统判断规则外，还应当重点审查有关法律法规及行业协会对黄金首饰回收、置换业务进行管理的特殊规定及行业惯例做法等内容，并推动形成科学合理的事实推定规则，具有较为典型的研究借鉴价值和实践指导意义。

## 【案情简介】

公诉机关：厦门市湖里区人民检察院

被告人：吴某球。

被告人：黄某德（上诉人）。

福建省厦门市湖里区人民检察院以被告人吴某球犯盗窃罪，招摇撞骗罪，非法收购、运输滥伐的林木罪，非法采伐国家重点保护植物罪，被告人黄某德

* 作者单位：厦门市中级人民法院。

犯掩饰、隐瞒犯罪所得罪向福建省厦门市湖里区人民法院提起公诉。

厦门市湖里区人民法院经审理查明：

（一）2013 年 7 月至 2015 年 12 月 31 日，被告人吴某球在厦门市多次实施盗窃。具体事实如下：

1. 2013 年 7 月 19 日凌晨，被告人吴某球至本市集美区天安路 69 号－71 号金中意购物广场内众福珠宝专柜的保险柜中，盗走黄金等财物（价值不详）；

2. 2015 年 2 月 13 日，被告人吴某球至本市湖里区兴山路 214 号中港花园山东黄金店铺内，盗走黄金等财物（价值不详）；

3. 2015 年 9 月 29 日凌晨，被告人吴某球至本市集美区欣一方百货内的谢宏伟黄金柜台中，盗走黄金等财物；至该百货内的烟酒柜台盗走香烟若干（价值不详）；

4. 2015 年 12 月 31 日凌晨，被告人吴某球至本市湖里区嘉禾路 312 号之 104 号华昌珠宝店内，盗走被害单位厦门国晖首饰有限公司黄金等财物价值 602215 元（币种人民币，下同），并将部分赃物销售给被告人黄某德。

案发后，公安机关从被告人吴某球处提取了赃款 198700 元及黄金手镯 2 件、黄金镶嵌戒指 10 枚、金块 1 块、黄金纪念币 2 枚、吊坠 7 件、钻戒 8 枚、钻石手链 1 条等；从黄某德处提取了吊坠类黄金饰品 56 件、黄金戒指 16 枚、黄金项链 29 条、黄金手镯 11 件、K 金项链 5 条等，上述缴获的赃物价值合计 403366 元。现上述赃款、赃物已发还被害单位厦门国晖首饰有限公司。

（二）2014 年 10 月至 2015 年 7 月期间，被告人吴某球冒充厦门市公安局思明分局民警并化名“陈凯”与被害人韩芳交往，骗取被害人韩芳的信任，并于 2015 年 4 月起在厦门市湖里区多次以虚构理由骗取被害人韩芳共计 39500 元。案发后，公安机关从被告人吴某球处提取了蓝色夏执勤警服 2 件、黑色春秋执勤警服 2 件、警帽 1 顶、警用皮带 1 条、警裤 1 条、肩章 1 个、手铐 1 副，现均暂扣于厦门市公安局湖里分局。

（三）2010 年 7 月 24 日，被告人吴某球在宁德市屏南县长桥镇、古田县城西街道连暾村以 350 元/立方米的价格分别向没有取得采伐林木证书的包章勇、吴郭顺收购松原木共计 394 根，材积 20.566$m^3$；后在未取得运输许可证的情况下雇佣林利将上述林木运输至福州市的途中，行至古田县水口林业检查站时被查获。

（四）2012年11月，被告人吴某球雇佣他人（身份不详，在逃）至宁德市古田县平湖镇院坪村宝恩自然村“暗湾”山场盗伐红豆杉2株（经鉴定为天然红豆杉，属国家一级保护植物，蓄积量为4.009$m^3$），后将上述红豆杉以8600元价格出售给他人（身份不详，在逃）。

（五）2015年12月31日，被告人黄某德在厦门市思明区东浦一里77号某房间内，在明知可能是犯罪所得的赃物的情况下，以23.5万元的价格向被告人吴某球收购黄金。

另查明，2016年1月2日，被告人吴道在厦门市思明区东浦一里77号某房间内被公安机关抓获；同日，被告人黄某德在厦门市湖里区被公安机关抓获。

厦门市中级人民法院经审理认定的事实、证据与一审相同。

**【审理结果】**

厦门市湖里区人民法院认为，被告人吴某球以非法占有为目的，多次秘密窃取他人财物，可估价值共计602215元，数额特别巨大，其行为已构成盗窃罪；其冒充人民警察，骗取他人钱款39500元，其行为已构成招摇撞骗罪；其非法收购、运输滥伐的林木共计20.566$m^3$，情节严重，其行为已构成非法收购、运输滥伐的林木罪；其非法采伐国家一级保护植物共计4.009$m^3$，情节严重，其行为已构成非法采伐国家重点保护植物罪。其中，非法收购、运输滥伐的林木罪及非法采伐国家重点保护植物罪系共同犯罪。被告人黄某德明知是犯罪所得的赃物而予以收购，情节严重，其行为已构成掩饰、隐瞒犯罪所得罪。公诉机关指控的罪名均成立。被告人吴某球一人犯四罪，应当数罪并罚。被告人吴某球冒充人民警察招摇撞骗，应当从重处罚；其到案后如实供述除招摇撞骗外的其他犯罪事实，当庭认罪，可以从轻处罚。被告人黄某德能够如实供述主要犯罪事实，当庭认罪，可以从轻处罚。据此，依照《中华人民共和国刑法》第二百六十四条、第二百七十九条、第三百四十四条、第三百四十五第三款、第三百一十二条第一款、第六十九条、第六十七条第三款及第六十四条之规定，作出如下判决：

一、被告人吴某球犯盗窃罪，判处有期徒刑十一年六个月，并处罚金人民币二十万元；犯招摇撞骗罪，判处有期徒刑一年，并处罚金人民币一万元；犯非法采伐国家重点保护植物罪，判处有期徒刑三年六个月，并处罚金人民币五千元；犯非法收购、运输滥伐的林木罪，判处有期徒刑六个月，并处罚金人民币五千元。数罪并罚决定执行有期徒刑十五年，并处罚金人民币二十二万元；二、被告人黄某德犯掩饰、隐瞒犯罪所得罪，判处有期徒刑三年六个月，并处罚金人民币二万元；三、被告人吴某球应当于本判决发生法律效力后，退赔被害单位厦门国晖首饰有限公司人民币149元、被害人韩芳人民币39500元；四、暂扣于厦门市公安局湖里分局的警服、警帽、警用皮带、警裤、肩章、手铐等均予没收。

宣判后，被告人黄某德不服，以其主观上不明知所收购黄金首饰是犯罪所得，其行为不构成掩饰、隐瞒犯罪所得罪为由向福建省厦门市中级人民法院提出上诉，请求二审对其改判无罪。

福建省厦门市中级人民法院认为，原审被告人吴某球以非法占有为目的，多次秘密窃取他人财物，可估价值共计602215元，数额特别巨大，其行为已构成盗窃罪。吴某球冒充人民警察，骗取他人钱款39500元，其行为已构成招摇撞骗罪。吴某球非法收购、运输明知是滥伐的林木20.566$m^3$，情节严重，其行为已构成非法收购、运输滥伐的林木罪。吴某球非法采伐国家一级保护植物4.009$m^3$，情节严重，其行为已构成非法采伐国家重点保护植物罪。其中，非法收购、运输滥伐的林木罪及非法采伐国家重点保护植物罪系共同犯罪。上诉人黄某德明知是犯罪所得的赃物而予以收购，情节严重，其行为已构成掩饰、隐瞒犯罪所得罪。原审被告人吴某球一人犯四罪，应予数罪并罚。原审被告人吴某球冒充人民警察招摇撞骗，应当从重处罚；其到案后如实供述除招摇撞骗外的其他犯罪事实，并当庭认罪，可以从轻处罚。上诉人黄某德能够如实供述主要犯罪事实，当庭自愿认罪，可以从轻处罚。本案部分赃款赃物已被追缴发还，亦可酌情从轻处罚。综上，原判认定事实和适用法律正确，量刑适当，审判程序合法。据此，裁定驳回上诉，维持原判。

［评析］

# 涉黄金首饰收赃案的“主观明知”认定应结合相关业务监管规定及行业惯例做法进行评判

近年来，随着网络支付工具的大幅兴起与普及，实践中大额盗抢案件主要牵涉黄金饰品领域，所得物品亦主要通过销赃获利，导致此类收赃案件高发频发。在此背景下，全面深入剖析涉及黄金首饰回收、置换业务的行业规定和惯例做法，对于认定收赃人在主观上“应当明知”所收购黄金首饰系犯罪所得的物品，并推动形成科学合理的事实推定规则，具有较强的实践意义和指导价值。

（一）关于金银首饰经业务的法律监管与行业惯例

对于黄金首饰回收、置换业务的政府监管，我国相关法律法规总体上呈现逐步放开监管、执法主体不明、相关法规规章滞后的立法局面，但一些地方省市结合工作实际，通过出台地方法规或加强行业自律等方式，普遍推行实施黄金首饰回收与置换的登记制度，最大限度堵住犯罪嫌疑人的销赃途径，由此形成的一些行业交易惯例做法，有助于对被告人主观明知的审查判断。

1. 关于黄金首饰回收、置换业务的审批许可

在对黄金首饰回收、置换业务经营许可的政府监管上，随着行政管理体制的深化改革，为促进黄金市场的健康发展，已呈现逐步放开监管的局面。即1983年《金银管理条例》（国发［1983］95号）规定，对于金银制品的加工和销售，国家实施许可和核准制度，1995年《关于进一步加强金银饰品零售市场管理的通知》（银发［1995］219号）文件进一步强调了相关特许经营精神；2003年人行等四部委《国务院关于取消第二批行政审批项目和改变第一批行政审批项目管理方式的决定》（国发［2003］5号）指出，国家取消黄金制品的加工和销售的许可和核准制度，人行对黄金的监管更多只限于进出口业务，如2015年《黄金及黄金制品进出口管理办法》及《中国人民银行营业管理部黄金制品进出口管理实施细则》都仅体现对黄金及黄金制品进出口行为的规范和管理。由此，经营黄金首饰（含回收与置换）的营业执照颁发，已经没有前置条件，工商部门无需依照人行的许可审批，直接就可以予以颁发营

业执照。可见，除了涉及黄金进出口业务，人行对于黄金业务的行政审批监管已经基本放开，黄金收购许可核准已被取消，即黄金制品不再属于特许经营物品。上述监管政策的调整，虽然在一定程度上增加了收赃行为人主观明知的认定，但该方面知识属于一般经验法则，对此有所了解，同样有助于审判机关在对行为人主观明知进行司法认定时的审查判断。

2. 关于黄金首饰作为旧货流通的法律规制

在对旧黄金首饰回收、置换业务的日常监管上，其是否纳入1998年《旧货流通管理办法（试行）》的规制范畴，实践中存在不同理解。一种意见认为，如果公安部门没有告知经营业务回收旧黄金首饰或开展置换业务需要履行《旧货流通管理办法（试行）》的登记和备案，经营业主无需履行，公安部门不能罚款；另一种意见认为，旧黄金首饰是以黄金作为原料的一种物品，与一般消费品没有本质区别，因此旧黄金首饰就是已进入消费领域的处于储备、使用和闲置状态并保持了部分或者全部使用价值的旧物品，应认定旧黄金首饰的收购、置换属于旧货流通管理的范畴。笔者赞同第二种意见，即在目前尚未对黄金首饰的收购、置换行为作出特别立法规定的情况下，应当将黄金首饰的收购、置换业务列入《旧货流通管理办法（试行）》的规制范畴，金店经营者应当对收购和受他人委托代销、寄卖的黄金首饰进行检验，同时应当详细记录黄金首饰的基本特征、来源和去向，以及登记出售、寄卖及受他人委托出售、寄卖黄金首饰的单位名称和个人的居民身份证信息。可见，囿于“明知”作为此类犯罪构成主观方面的要素，具有内隐性，司法实践中很难认定的客观现状，理顺黄金首饰回收、置换业务的行业监管问题，有助于指导审判人员系统性地解决证明“明知”这种主观心理事实的困难，即在对明知进行事实推定时，基于行业监管基础事实已有充分的证据证明，审判人员即可根据基础事实逻辑地推定出“明知”这一待证的主观事实。

3. 关于黄金首饰经营业务的地方规制及惯例做法

从各省市的相关地方法规或行业惯例做法来看，为防止从事旧黄金首饰回收、置换业务的经营单位卷入销赃案件，黑龙江、江苏等省份的人大已分别于2007年、2009年通过把黄金首饰加工、置换纳入当地《特种行业治安管理条例》的规制范畴。福建省宝玉石协会与福建省公安厅于2011年11月14日联合印发《福建省金银首饰营业场所安全防范工作指导意见》，推行经营单位实施旧黄金首饰回收与置换的登记制度，包括对回收黄金首饰进行检验，并详细记录其基本特征、来源和去向，同时登记出售、置换黄金首饰的单位名称或个人的居民身份证，并报福建省宝玉石协会备案，协会给各属地公安机关发函报备，证实该金店有从事黄金首饰回收、置换业务的经营资质，最大限度堵住犯罪嫌疑人的销赃途径，该行业管理模式亦被多个省份借鉴。

本案中，侦查机关从当地有从事黄金首饰经营资质的实体店调取的证人证言、《关于××金店金银首饰回收、置换业务备案管理的函》等证据材料证实相关交易惯例做法，如需要按照规定询问黄金首饰的来历、登记出售人的身份证和黄金的种类重量等信息；收购价格是参考上海黄金交易所网站当日公布的国际黄金价及近期黄金价格走势图作为标准，每克往下减3－6元，这个是从事黄金买卖行业最基本的常识，因为黄金的价格是透明的，这个也是整个黄金行业的规则；收购价格一般都是金店决定，卖方一般不会对每克的价格进行讨价还价，只会对总金额尾数进行讨价还价；金店收购黄金饰品后再出售的，下家一般按照比当日国际黄金价低1元左右的价格收购，金店从中每克赚2－5元的利润；个人不允许从事黄金首饰回收、置换业务。显见，对各省市的规定及黄金首饰交易实践中的惯例做法进行梳理，对已形成相对成熟的规则进行总结，有助于审判人员在对主观明知作出认定时，作出更加全面客观准确的经验判断。即有助于坚持使用尽可能多的经验规则进行推定，防止使用单一经验规则来进行简单判断。

（二）关于本案被告人黄某德主观明知的审查认定

2015年5月29日，最高人民法院发布了《关于审理掩饰、隐瞒犯罪所得、犯罪所得收益刑事案件适用法律若干问题的解释》（以下简称《解释》），就审理此类案件具体适用法律的若干问题提出了具体意见，但并未对明知进行专门解释，既未诠释何谓明知，亦未列举性规定何为应当知道。对此，《解释》的起草者认为，基于《最高人民法院关于审理洗钱等刑事案件具体应用法律若干问题的解释》已经对刑法第三百一十二条的“明知”作了一般性规定，即“明知”应当结合被告人的认知能力，接触他人犯罪所得及其收益的情况，犯罪所得及其收益的种类、数额，犯罪所得及其收益的转换、转移方式以及被告人的供述等主客观因素进行认定，故《解释》未再做重复性规定。实际上，对于“主观明知”的认定，不属于立法问题，而是属于司法问题，是一个事实认定问题，而不是一个单纯地法律问题。[①] 实践中，在被告人不承认明知的情况下，审判机关一般从被告人已经实施的行为及其相关情节中，综合判断论证其是否明知。即推定“明知”应当重点审查交易的时间、背景，交易地点、交易方式是否非常隐蔽，是否在非公开场所交易，交易价格是否明显低于市场中间价格，物品特征是否有涂改痕迹，以及行为人的职业等方面内容。[②] 在审查后，应分别列出可证明“明知”的基础事实和可反驳“明知”的基础事实进行分析比较，再结合人们一般的经验法则、逻辑规则判断哪一方的事实和理由更为充分可信，最后推出被告人是否明知的结论。[③]

本案中，关于被告人黄某德主观明知的认定上，被告人吴某球到案后曾供称有告知被告人黄某德所卖黄金首饰系盗窃所得，后庭审翻供称黄某德从不问黄金首饰来源，其亦未告知黄某德相关黄金首饰的来历；黄某德到案后供称明知收购的黄金来历不正规，以为是吴某球从赌场抵押来的，且吴某球在和他交往中，刻意隐瞒真实身份且穿过警服，其认为吴某球所提供的黄金可能不正规但并非犯罪所得，故其不构成掩饰、隐瞒犯罪所得罪。可见，鉴于黄某德不自认，故本案应当结合在案证据材料对黄某德“应当明知”所收购黄金首饰系犯罪所得进行推定。理由如下：

1. 从黄某德的认知能力来看

黄某德曾长期从事黄金首饰回收、置换业务，后因生意不好于2014年关闭店面，其应当熟知有关行业规定和惯例做法，注意义务较一般人较高，但黄某德并未按规定履行相关检验、备案登记手续，而在黄某德将赃物转售下家时，下家有相应的经营资质且按规定登记了黄某德的身份证号码和黄金的种类重量等信息，比较而言，黄某德的收购行为明显不符合行业规则。

2. 从交易价格是否明显异常来看

黄某德向吴某球收购黄金的价格是每克200元，而当日上海黄金交易所公布的黄金交易参考价为每克223元，黄某德的收购价格亦明显低于市场行情交

---

① 陆建红：《刑法分则“明知”构成要件适用研究——以掩饰、隐瞒犯罪所得、犯罪所得收益罪为视角》，载《法律适用》2016年第2期。

② 史卫忠、李莹：《掩饰、隐瞒犯罪所得、犯罪所得收益罪司法认定疑难问题探讨》，载《人民检察》2014年第6期。

③ 王晓倩、李增航：《对掩饰隐瞒犯罪所得罪中明知的理解》，载2008年7月2日《检察日报》第3版。

易价格，黄某德在将部分黄金首饰转售下家时刻意隐瞒来历，且转售价格为每克219.5元，从中获取利润高达每克19.5元，这与下家是通过网银方式向黄某德支付收购款、再转售时从中获利每克1元相比，黄某德向吴某球收购黄金首饰的交易价格和获利情况不符合交易惯例做法。

3. 从交易物品的外观特征来看

涉案黄金首饰的交易量大、品种类型多，仅从黄某德处查扣在案的黄金饰品就达117件，且有戒指、金砖、手镯、吊坠等各类黄金饰品，均显示外观崭新但标签已被吴某球剪掉，且部分存在断裂损毁情况，足以让黄某德对收购对象的性质系赃物有所怀疑。

4. 从交易地点、交易方式来看

黄某德是在吴某球的暂住处这种非公开场所向吴某球收购黄金首饰，交易地点不正常，且吴某球在作案前就与黄某德联络称有黄金首饰供出售，黄某德就事先用亲友及其本人的多张信用卡套现，以现金方式向吴某球支付大部分收购款，相关资金交易方式亦不正常。

5. 从上下游被告人供述情况看

被告人吴某球到案后曾供称有明确告知被告人黄某德所售黄金系他人盗窃所得，黄某德亦供认明知收购的黄金来历不正规，足以印证证实黄某德主观上对所收黄金系犯罪所得有所认知。

综上，结合前述黄金首饰回收、置换业务的法律监管、行业规制、惯例做法等基础事实，在案证据足以推出黄某德在向吴某球收购黄金时，其主观上应当明知所收购的黄金首饰是犯罪所得的结论。黄某德提出其主观上不明知所收购黄金饰品系犯罪所得的上诉意见，缺乏证据支持，与查明事实不符，不予采信。

# 《最新法律文件解读》丛书
## 稿　约

《最新法律文件解读》是一套以为最新法律规范提供同步"解读"为主的系列丛书,分为刑事、民事、商事、行政与执行4个分册,按月出版。

本丛书以"解读"为重点,突出全、专、新、快、准等特点,通过对最新出台的法律、法规、司法解释、部门规章以及重要地方性法规进行同步动态解读,弥补了法律、法规、司法解释汇编类出版物没有同步阐释、解读内容的不足,为广大读者学习理解最新法律规范,正确贯彻执行法律文件,及时解决实践中的新情况、新问题,提供一个全方位、多层面的法律信息平台。

欢迎您向以下栏目赐稿:

**【最新法律文件解读】**主要是对最新颁行的法律文件进行解读,帮助司法和执法人员正确理解法律文件的立法背景、意义、重点内容、在适用中应注意的问题、与相关法律文件的衔接与互动关系等等。

**【司法实务问题研究】**主要刊登对司法理论、实务及司法管理工作中的热点、疑难问题进行研究及评论的文章。

**【新类型疑难案例选评】**主要是对司法和行政执法实践中具有典型性和代表性的疑难案例,结合具体案情以及审理或处理结果进行简练精辟的点评,解析认识问题的方法、处理问题的法律依据和在个案中的具体适用。

**【法学前沿与新视点】**以摘要的形式刊登相关法学理论研究的最新动态及具有代表性和典型性的前沿问题,扩展法学研究的深度和广度。

**【法律适用问题解答】**主要针对司法和行政执法实践中面临的新问题、热点问题、疑难问题进行简要的解答,指出涉及的法律关系,明确法律适用依据。

稿件一经刊用,即付稿酬,稿酬从优。


《刑事法律文件解读》　姜　峤　邮箱:bj85250573@126.com

《民事法律文件解读》　丁丽娜　邮箱:dlnlaw@163.com

《商事法律文件解读》　路建华　邮箱:shangshijiedu@126.com

《行政与执行法律文件解读》　张　奎　邮箱:271717306@qq.com


**人民法院出版社**

**《最新法律文件解读》丛书编辑部**